金剛經講記

觀成法師 講述

金剛經講記

目錄

第一章　總論全經結構

第一節　懸談——五重玄義論經 8

第二節　《金剛經》之譯本 19

第三節　《金剛經》之結構 22

第四節　《金剛經》的辯證法及其「緣起性空」義理的內涵 26

第二章　生信（第一至八分）

第一節　法會因由分第一 34

第二節　善現啓請分第二 44

第三節　大乘正宗分第三 53

第四節　妙行無住分第四 69

第五節　如理實見分第五 78

第六節　正信希有分第六 89

第七節　無得無說分第七 94

第八節　依法出生分第八 100

第三章　開解（第九至十六分）

第一節　一相無相分第九 106

第二節　莊嚴淨土分第十 114

第三節　無為福勝分第十一 ……………………………… 118

第四節　尊重正教分第十二 ……………………………… 120

第五節　如法受持分第十三 ……………………………… 121

第六節　離相寂滅分第十四 ……………………………… 126

第七節　持經功德分第十五 ……………………………… 134

第八節　能淨業障分第十六 ……………………………… 136

第四章　修行（第十七至二十四分）

第一節　究竟無我分第十七 ……………………………… 140

第二節　一體同觀分第十八 ……………………………… 146

第三節　法界通化分第十九 ……………………………… 152

第四節　離色離相分第二十 ……………………………… 153

第五節　非說所說分第二十一 …………………………… 155

第六節　無法可得分第二十二 …………………………… 159

第七節　淨心行善分第二十三 …………………………… 160

第八節　福智無比分第二十四 …………………………… 161

第五章　證果（第二十五至三十二分）

第一節　化無所化分第二十五 …………………………… 164

第二節　法身非相分第二十六 …………………………… 166

第三節　無斷無滅分第二十七 …………………………… 169

第四節　不受不貪分第二十八 …………………………… 171

第五節　威儀寂靜分第二十九 …………………………… 174

第六節　一合理相分第三十 ……………………………… 175

第七節　知見不生分第三十一 …………………………… 177

第八節　應化非真分第三十二 …………………………… 180

結語 …………………………………………………………… 185

第一章
總論全經結構

第一節
懸談——五重玄義論經

各位法師、各位居士、各位慕求佛法的朋友：

佛門有句諺語：「天雨雖寬，不潤無根之草；佛門廣大，難度無緣之人。」今日大家有此良緣，一起學習佛經，實是難能可貴的機會。學佛的目的是甚麼？是單單為了現世活得更快樂嗎？是求財、求名、求利、求長壽、求健康、求婚姻、求事業嗎？其實，我們學佛是為了解脫世間的痛苦、煩惱，達到究竟常樂的終極理想。學佛是為了探索生命意義，超越生死，得大自在解脫，包括了現在與將來兩個層面：現在要從煩惱痛苦中解脫出來，活出身心清淨、利樂眾生、廣結善緣的人生；將來能超越三界六道輪迴，不再浮沉於生死苦海，達到究竟圓滿的覺悟。

今日開始研習《金剛經》，希望大家發長遠心，精進不懈，不要半途而廢。《金剛經》是唐代的翻譯作品，可能有不少現代人認為是晦澀難懂的文字，會覺得茫然不解，各位不要貿然放棄，要鍥而不捨地繼續學習，困難必會迎刃而解。若能堅持這種精進不懈的慕道心，繼而依經中義理去生活（修行），必能破「我執」，滅「煩惱障」，證「涅槃果」；最後破「法執」，滅「所知障」，證「菩提果」。

《金剛般若波羅蜜經》（梵語：*Vajracchedikā Prajñāpāramitā Sūtra*，英譯：*Diamond Sutra*）簡稱《金剛經》，是大乘佛法般若部的重要經典。它是漢文佛典中最早譯出的經典之一，流傳極廣，影響極深。佛門中不少高僧大德依《金剛經》義理修行而大徹大悟，成為佛門龍象，利樂一切眾生，故自隋唐以後，天台、三論、唯識、華嚴諸宗都推崇它為經中寶典。

　　經題是全經的提綱挈領，包括通題和別題。「金剛般若波羅蜜」這七個字是別題，別題是每部經都不同的。「經」字是通題，因為每一部經都通用這「經」字。先解釋別題中「金剛般若」四字。

　　「金剛」是比喻，「般若」是佛所說法。金剛是罕有寶石（俗稱鑽石），有三種特徵：至堅，有堅固不變的體性；至利，銳利無比，能壞一切而不為一切所壞；至明，璀璨明淨，不被外物所雜染。佛經常以金剛的「堅、利、明」比喻佛的「法體」。正如《大寶積經》卷五十二所說：「如來身者，即是法身，金剛之身，不可壞身。堅固之身，超於三界最勝之身。」經題以金剛比喻般若堅、利、明之特性。般若像金剛一樣，其理堅固恆存，其銳利能摧毀一切煩惱，其明亮能照破無明的愚昧。

　　何謂般若？「般」（梵音：pra），乃「至高無上」之意。「若」（梵音：jña），意譯為「理解」，故「般若」是「至高無上的理解」，亦即現代人所謂「智慧」。但為甚麼不直接翻譯成「智慧」，而音譯為「般若」呢？因為漢文沒有適合的名詞可以詮釋「般若」的湛深涵義。若勉強翻為「智慧」，則有輕率而不尊重「般若」之感，所以古來都直譯為「般若」，鮮用「智慧」來表達。《大智度論》說：「般若定實相，甚深極重，智慧輕薄，是故不能稱。」古德亦有時將「般若」翻譯為「妙智」或「淨慧」，以表示此「智慧」是本來清淨，人人具足的，即是說眾生與十方諸佛的「智慧」，無二無別。如來智慧，即此般若妙智。諸佛悟此，而得菩提，眾生迷此，則成煩惱。

　　世人往往以為世間的聰明睿智，就是般若。其實，社會上有些學問家、藝術家、哲學家、政治家、科學家、企業家，一般人認為他們有高度智慧，但從佛教的觀點來看，他們只不過擁有世間智慧，是有漏的[1]，有為的[2]，非究竟的。這種世間智慧，是從凡夫的妄想意識所

1　有漏（梵語：sāsrava），為無漏的相反詞，乃流失、洩露的意思，亦即世間煩惱，使人流轉生死苦海。
2　有為（梵語：saṃskṛtā），造作之意，泛指由因緣和合所造作的現象；狹義而言，指人的造作行為，亦即一切生滅變化的現象。

產生的，不能令人明心見性，了脫生死，證得究竟常樂；而且這種世間智慧，倘若用之不當，可以引起很多煩惱和痛苦，例如核子武器、生化武器，就是由非常聰明的人創造出來的。當這些武器落於壞人之手，就會帶來無限的災難禍害，威脅人類的和平幸福。所以，世間智慧邪正兼雜，利害參半；善用之則有益，惡用之則有害。

學佛者如不懂般若之義理，是不可能了解佛法的，因為般若是大乘佛法的綱要。六度波羅蜜多：布施、持戒、忍辱、精進、禪定、般若，皆以般若為導師。《大智度論》說：「般若者，一切諸智慧中最為第一，無上、無比、無等、更無勝者，窮盡到邊；如一切眾生中佛為第一，一切諸法中涅槃為第一，一切眾中比丘僧為第一。」任何人如能證悟般若，非但自己能斷除迷惑，證悟宇宙、人生的真理，更能夠普度眾生，超出生死苦海。

般若的性質有三種：文字般若、觀照般若、實相般若。

甚麼是文字般若呢？佛菩薩所證悟的宇宙人生真理，其「實相」理體，需要靠文字、言語的表達才能令眾生明白的。從狹義來說，所有佛經典籍的文字內容，皆為文字般若；從廣義來說，一切能表達般若的言語、行為，能令人理解而啓發這種殊妙智慧的，皆屬文字般若。文字本身並無義理，不過是一種工具，但不用言語文字，又怎樣表達呢？所以文字般若乃是修行不可缺少的重要條件，凡是從聽經、聞教或自己閱讀經典所開發的智慧，就叫文字般若。但文字只不過是木筏，當你已經到了河的對岸，必須離開木筏才能上岸，千萬不要留戀木筏，所以我們不應執着於佛經中的文字，否則就生了「法執」的障礙。何以故？般若微妙，無形無相，所以不可以說它是有；但它的作用無限，所以又不可說它是無。不可說它是無，所以般若是存在的；不可說它是有，所以文字與它是無關的。[3]

甚麼是觀照般若呢？從文字、語言了解義理之後，要依照教義去實踐修行，這就是觀照般若。即是說，不應只着重理論，佛法是要實

---

3 欲明白這道理，請參僧肇大師所著《肇論》中的「般若無知論」。

踐，才能體現箇中真理。觀照是思惟分析的功夫，單是閱讀經典和聽經是不夠的，還要將吸收而來的義理加以思惟、觀照，依之實踐，才可以體會諸法實相。

甚麼是實相般若呢？它是佛陀所證悟的宇宙人生如實之相、如實之理，亦稱為諸法實相。證悟諸法實相，即是涅槃。這時滅盡煩惱，了脫生死，超越時空，福慧圓滿。一切貪欲、瞋恨、愚痴、無明、邪見、是非等煩惱都徹底滅除，達到清淨無染、物我雙亡、究竟常樂、自由自在的境界。這實相超乎凡夫的心理想像，是不能用文字言語詮釋的，但離開了文字言語又根本不能表達，所以古德以「言語道斷，心行處滅」來形容這不可思議境界。《法華經》說：「唯佛與佛，乃能究盡諸法實相。」意思是說，只有成佛後才能徹底理解諸法實相的真義。

總之，「文字」屬於依文解義，「觀照」屬於實踐修行，「實相」屬於體證真理。如果用渡海的例子來解釋，文字般若就好比一艘船，觀照般若好比駕駛，實相般若就是目的地。眾生要渡過生死苦海，必須乘文字般若的船，然後努力以觀照般若來駕駛，最終抵達目的地時，就是體證實相般若。

「波羅蜜多」是梵文 pāramitā 的音譯，pāra（波羅）是「彼岸」，mitā（蜜多）是「到達」。全句「波羅蜜多」意譯為「到彼岸」。「到彼岸」是一種譬喻，猶如渡河者，必須依靠船隻或木筏，才能從「此岸」到達「彼岸」。「此岸」是我等眾生所沉迷的地方，有生死輪迴、業力煩惱，須倚仗「般若」智慧，幫助我們辨別分析人生的迷惑，努力淨化惑業，方能達到「彼岸」。「彼岸」是佛陀的境界。這些覺者已證悟諸法實相，滅盡煩惱，超越生死，安住於涅槃常樂之中。

般若是真理；波羅蜜多是方法。全句「般若波羅蜜多」的意思是「只要依照般若去修行，就能從迷惑的此岸，渡過生死的河流，到達覺悟的彼岸。」佛法浩瀚無邊，但歸納起來總不出：人乘、天乘、聲聞乘、緣覺乘、菩薩乘等五乘佛法。乘者，車也，運載的意思，是譬

喻佛陀為了教化眾生，以五種不同的方法，將他們運載至理想世界。

人乘以三皈五戒[4]為乘，運載眾生超越三塗[5]而生於人道；天乘以十善[6]及四禪八定[7]為乘，運載眾生超越人道而達天界；聲聞乘以四聖諦、八正道[8]為乘，運載眾生超越三界至有餘涅槃[9]而成阿羅漢[10]；緣覺乘以十二因緣為乘，運載眾生超越三界至無餘涅槃而成辟支佛[11]；菩薩乘以悲智六度波羅蜜為乘，運載眾生超越三界三乘至無上菩提大般涅槃[12]而成佛。所以，波羅蜜多是五乘佛法的至高法門，是大乘佛法中，菩薩欲成佛道所必須實踐的修行方法。

波羅蜜多共有六種，稱為六度波羅蜜多（梵語：ṣaḍ-pāramitā），意思是依這六種方法修行，就能超脫生死此岸，到達涅槃彼岸。如上文提及，這六度是：布施、持戒、忍辱、精進、禪定、般若。

第一：布施波羅蜜（梵語：dāna），意謂布己所有，施於眾生。布施有三種：一，財施，以財物救濟別人，進而體會自他平等的精神，培養慈悲心；二，無畏施，以精神力量，言語文字或其他形式，祛除別人的怖畏急難，令其身心安穩，即是此類；三，法施，以佛法化度眾生，開啟其智慧，使令循正道修行，離苦得樂。財施與無畏施是救助眾生的一期生命；法施則度濟眾生的永恆慧命，功德殊勝，不可思議，所以佛經說，諸供養中，法供養為最大功德。

第二：持戒波羅蜜（梵語：śīla），指信徒要遵守教律、教規，止惡行善。戒分在家居士的五戒、八戒、菩薩戒；出家的沙彌（尼）十

4　三皈是皈依佛、皈依法、皈依僧；五戒是不殺生、不偷盜、不邪淫、不妄語、不飲酒。
5　三塗是地獄道、餓鬼道、畜生道。三塗加上阿修羅為四惡趣，造業受報必有歸趣之處。
6　十善是不殺生、不偷盜、不邪淫、不妄語、不兩舌、不惡口、不綺語、不貪、不瞋、不痴。
7　四禪八定：即色界天的四禪與無色界天的四無色定，合之而成八定：初禪定、二禪定、三禪定、四禪定、空無邊處定、色無邊處定、無所有處定、非想非非想處定。
8　四聖諦，即苦、集、滅、道。八正道，即正見、正思惟、正語、正業、正命、正精進、正念、正定。
9　大乘佛法認為，聲聞行者的生死因果滅盡時，稱為「有餘涅槃」；緣覺行者的生死因果滅盡時，稱為「無餘涅槃」。
10　阿羅漢是聲聞四果的至高果位，指斷盡三界見思惑，超越三界生死，證得盡智的大聖者。
11　辟支佛指無師而能自覺自悟的聖者。辟支佛觀悟十二因緣之理而得道，十二因緣即：無明、行、識、名色、六入、觸、受、愛、取、有、生、老死。
12　阿耨多羅三藐三菩提（梵語：anuttarāṃ samyak-saṃbodhiṃ），意譯為無上正等正覺。「大般涅槃」指大圓寂，為佛完全解脫的境界。

戒、式叉摩那戒、比丘戒、比丘尼戒、菩薩比丘（尼）戒。戒目雖然繁多，總不出三聚淨戒，即攝律儀戒、攝善法戒、攝眾生戒。持守攝律儀戒者，能防非止惡，使身口意三業清淨；持守攝、善法戒者，能廣集一切善行，增長福慧；持守攝眾生戒者，能利益救拔一切眾生，離苦得樂，所以戒是修行的圭臬，解脫的根基。

第三：忍辱波羅蜜（梵語：kṣānti），泛指忍受所有遭受的苦惱。在忍受時，心中不作憤怒、結怨和惡意想。忍辱是用柔和的心，積極面對逆境。其實，所有不如意事，都是緣起於自己今生或前生的身口意三業。身所犯者有殺、盜、淫；口所縱者為妄語、惡口、兩舌、綺語；意所生者有貪、瞋、痴。倘若不積極忍受和改善，反而怨天尤人、心生憤怒，不但於事無補，反而增加罪業。《華嚴經》云：「常樂柔和忍辱法，安住慈悲喜捨中。」[13] 以柔和忍辱之心改善逆境，使自己的心境時常安住在慈悲歡喜之中，必能捨卻一切煩惱，令自心更為清淨。

第四：精進波羅蜜（梵語：vīrya），意指在修行或生活中，勇猛勤奮，不懈怠地努力上進。精進是諸善的根本，能生出一切道法，乃至阿耨多羅三藐三菩提。修行者必須精進，才能與功德相應。據《大智度論》卷十六，菩薩行者的精進，可分為「身精進」與「心精進」。布施、持戒是「身精進」，因其由身力而出；忍辱、禪定、般若屬「心精進」，因屬心法。菩薩行的精進，廣大無涯，超越時空，如地藏菩薩從無量劫以來，辛勤不倦，在娑婆世界，生死道中，救拔無量罪苦眾生，直至地獄空卻，他才成佛，這是永無休止的精進啊！

第五：禪定波羅蜜（梵語：dhyāna），意思是靜慮，即是在靜定中觀察思慮，以止息妄心，啟發真實的智慧。禪亦是「定」與「慧」的通稱，源自一切眾生的本覺真性，亦名為佛性、諸法實相、常住真心。覺悟稱為「慧」，修行叫做「定」，定慧雙修名為禪。從廣義來說：修禪即是修心，所以無論你學習哪一宗派 —— 淨土宗、密宗、天

13　「常樂柔和忍辱法」，句出《華嚴經》卷七；「安住慈悲喜捨中」，句出《華嚴經》卷一。

台宗、唯識宗、華嚴宗等 ── 都是與禪息息相關的。一個真實的修行者，無論行、住、坐、臥、語、默、動、靜，都離不開禪。永嘉大師在《證道歌》說：「行亦禪，坐亦禪，語默動靜體安然。」從狹義來說：禪宗可以分為「如來禪」與「祖師禪」兩種。如來禪以佛陀所說的經教為圭臬，為文字所詮，故又名「教內禪」；祖師禪是不依教內經論，即所謂「教外別傳」，不立文字，由師父直指弟子，以心印心，而使見性成佛，故又名「教外禪」。

第六：般若波羅蜜（梵語：prajñāpāramitā）；這智慧並非一般的世智聰睿，而是獨特超脫之佛智，令人出離生死苦海，達到涅槃境界。

以上已經解釋過「般若」、「波羅蜜多」的意義，現在說「經」字。

前文提到，佛經的經題可分析為「別題」和「通題」兩種。「別題」是每部經都不同的。例如「金剛」是別題；《圓覺經》中「圓覺」是別題；《阿彌陀經》中，「阿彌陀」是別題。別者，個別不同之義。「經」字則屬「通題」，通於一切經典；每部經皆有「經」字。「經」（梵語：sūtra），漢音譯作「修多羅」，意譯為「契經」。「契」是契合佛理、契合聽眾的根機；凡經典所說之義理，必「上契諸佛之理，下契眾生之機」。

「經」字有「貫、攝、常、法」四種意義。「貫」是貫串，即是說「經」貫串佛所說之一切教義，使之不會散失，就像麻線貫串珠粒；「攝」者，經文攝受護持所應度的眾生，使他們不致墮落；「常」，為「不變」之意，經中義理萬世不變，放之四海皆準；「法」是天下之應共同遵守行持的規範。概括地說，「經」是佛陀所開示的哲理，於適當時、適當處，均能契合眾生之根機，並且能令眾生遵照經中義理實行。

如按講經的傳統來分類，學人觀成講經的方法介乎傳統與近代之間，喜歡用現代的方法來演繹佛理，將它帶進生活裏。傳統講經則是

先講懸談的。懸談乃先概括略述整部經文的要義。懸者，「公示」的意思。這公示高掛示眾，引起注目，亦有鳥瞰全經概要之意。古德有云：「未入經文，義理先說，故曰懸談。」

懸談乃根據天台宗[14]的「五重玄義」而論述。所謂的五重玄義，即釋名、顯體、明宗、論用、判教相。

釋名即解釋這部佛經的名稱；顯體指說明其中心思想；明宗就是闡明其宗旨；論用指其開示的修行方法；判教相乃詳論其教說究屬藏、通、別、圓何體系。

我根據天台宗的五重玄義，概述整部經的大意，然後逐字分析。此謂「先講玄義，後消經文」。逐字逐句解釋，稱為「消經」。先講玄義，即是先概說森林相狀，然後才分析其中每一株樹、每一朵花、每一棵草等物。

懸談就像乘坐飛機，俯瞰整片森林，然後才徐徐步入，仔細探視。

懸談： 先將全經內容概括敍述

天台宗： 五重玄義
釋名：解釋經的名稱
顯體：中心思想，佛性體性
明宗：說明宗旨
論用：修行方法
判教相：分辨是哪類法門

華嚴宗： 十門釋經
一、教起因緣　　二、藏教所攝
三、義理分齊　　四、教所被機
五、教體淺深　　六、宗趣通局
七、部類品會　　八、傳譯感通
九、總釋經題　　十、別解文義

法相宗： 六離合釋

14　隋智者大師入寂於天台山，故曰天台大師。天台大師所立，名天台宗。此宗以法華經為本經，以智度論為指南，以涅槃經為扶疏，以大品經為觀法，因而明一心三觀之妙理也。先是本宗第一祖北齊慧文，依中觀論始發明此妙理，以授第二祖南岳之慧思，慧思傳第三祖天台之智者。智者曰：傳道在行亦在說。於是講說三部：一、玄義，是說一家之教相者；二、文句，是解法華之經文者；三、止觀，是示一心之觀行者；一宗之教觀備於此。因以此師顯宗名。參見丁福保編：《佛學大辭典》（台北：財團法人佛陀教育基金會出版，二零一四年），頁四六六。

第一，釋名，即解釋經名。《金剛般若波羅蜜經》，為何名為金剛？「般若波羅蜜經」何解？

釋名：《金剛般若波羅蜜經》（以法喻為名）

喻	法		
金　剛	般　若	波　羅　蜜	經

金剛（喻）　　般若（至高無　波羅蜜　　　貫串義
　　　　　　　　　　上的理解）　（到達彼岸）
堅：其體最堅　般：至高無上　波羅：彼岸
利：其用最利　　　　　　　　蜜[多]：到達
明：其相最明　若：理解

如能明白《金剛經》的義理，
就可以從迷惑的此岸到達涅槃的彼岸。

本經以「法喻」為名，金剛是比喻，般若是法。《金剛般若波羅蜜經》經題上文已解釋過。「般若」是無上的智慧，「波羅蜜多」就是到達彼岸的意思。即是說，如能了知《金剛經》的義理，就可以從迷惑的此岸到達涅槃的彼岸。

第二，顯體，即證悟實相。經云：「若復有人得聞是經，信心清淨，則生實相。」意思是說，如有人聽聞《金剛經》，而又心生清淨，深信此經，依法修行，就會有所體證，證悟真理而成佛。彰顯經中的真理，顯現其體的重要性，叫做實相，或稱真理，就是顯體。

第三，明宗，即是闡明其修持方法的宗旨。行者體悟這個真理，需「離一切相」，「修一切善」。甚麼是離一切相？那就得聽聞《金剛經》的全部講解才能知曉。

經云：「菩薩應離一切相，發阿耨多羅三藐三菩提心。」「離一切諸相，則名諸佛。」「以無我、無人、無眾生、無壽者，修一切善法，則得阿耨多羅三藐三菩提。」即是成佛必須要離一切相，修一切善，這就是《金剛經》的宗旨。

顯體：金剛般若波羅蜜經

經文：「若復有人得聞是經，信心清淨，則生**實相**。」

明宗：「離一切相，修一切善」是起修之宗旨。

「離一切相」者即無相，與「實相」相應：

經文：「**應離一切相，發阿耨多羅三藐三菩提心**」，
　　　「**離一切諸相，則名諸佛。**」

「修一切善」者，即無相，與「實相」相應：

經文：「**以無我、無人、無眾生、無壽者，修一切善法，
　　　則得阿耨多羅三藐三菩提。**」

　　第四，論用，即功用成效。如證悟到成佛的諸法實相，離一切相、修一切善，那又可以達到甚麼效果？答案是破我執，滅罪業。人為何會作惡，為何會有煩惱？因為我執強。這個是「我」、「是」、「非」，那個是「憎」、「愛」。貴、賤、憎、愛、高、低、美、醜……全部執着不放。眾生的種種不如意事，疾厄纏身，命運坎坷，皆由我執、罪業所牽引。

　　寶誌禪師[15]所造之《慈悲梁皇寶懺》[16]有言：「罪滅福生。」眾生如想多福長壽、事事如意，唯一方法就是依佛法修行，以清除自己的罪。罪若不滅，福亦不來。所以我們還要拜懺，懺悔罪業。

　　《維摩詰[17]所說經》云：「謂有攀緣，從有攀緣，則為病本。」意思是：一切眾生之病，病根在於攀緣。六根攀緣六塵，執着一切不放

15　寶誌（四一八－五一四年），南朝僧，又作寶志、保志、保誌。世稱寶公、誌公和尚。金城（陝西南鄭，或江蘇句容）人。俗姓朱。年少出家。師事道林寺僧儉，修習禪業。……師於天監十三年十二月示寂，世壽九十六。敕葬鍾山獨龍阜，於墓側立開善寺。諡號廣濟大師。參見《佛光大辭典》（高雄：佛光山出版社，二零一一年），頁六七五九。

16　「『梁皇懺』」，正式名稱為《慈悲道場懺法》……該懺是梁武帝為超度已故皇后郗氏……延請當時的高僧製作而成的。」徐立強：〈「梁皇懺」初探〉，《中華佛學研究》第二期（台北：中華佛學研究所，一九九八年），頁一七七至二零六。

17　維摩詰，華譯為淨名，淨是清淨無垢之義，名是聲名遠揚之義，相傳是金粟如來的化身，自妙喜國化生在此世上，以居士的身份輔助釋迦教化眾生。參見陳孝義編，《佛學常見辭彙》（台北：財團法人佛陀教育基金會出版，二零一五年），頁二九一。

下，愈執愈緊，完全無法放下我執。

　　第五，判教相。《金剛經》是至高無上的圓頓大教。為甚麼要判教？我們需要清楚這部佛經，在浩瀚的佛教經典中應如何歸類，就像開會前要先準備議程一樣，大家要清楚在討論甚麼，能共沾甚麼法益。

論　用：《金剛經》的功用成效是能破我執，滅罪業，成就阿耨多羅三藐三菩提。（破我執，需般若，以慈悲開始。「離一切相」即「破我執」，「修一切善」即「滅罪業」。）

判教相：《金剛經》是屬佛陀說法次第中的圓頓大教。「圓」是天台宗化法四教（藏、通、別、圓*）中的圓教；「頓」是賢首宗五教（小、始、終、頓**、圓）中的頓教。

* 圓者，三諦圓融（即空、假、中三諦）。

** 頓者，當體即佛，不涉次第。

第二節
《金剛經》之譯本

　　漢傳《金剛經》先後有六個譯本，其中以姚秦鳩摩羅什法師翻譯的版本最廣為流傳。此經收錄於《大正新修大藏經》（簡稱《大藏經》）第八冊（T08，般若部），編號二三五（T08n0235）。鳩摩羅什法師的譯本勝在簡潔，文字優美，容易讓人琅琅上口，有助《金剛經》在漢土大為流通。相比之下，玄奘法師的譯本則較忠於原文，信眾可從其譯本得曉《金剛經》更原始的面貌。若讀者覺得鳩摩羅什法師的譯本有晦澀不明之處，亦可參考玄奘法師的譯本以助理解。

（一）偉大譯者：姚秦三藏法師鳩摩羅什

　　姚秦三藏法師鳩摩羅什與玄奘、真諦和不空大師，並稱漢傳佛教四大譯師。

　　鳩摩羅什法師在公元三四四年（東晉建元二年）誕生於西域龜茲國，即喀什米爾與烏魯木齊之間，今庫車一帶。九歲時，他隨母到達罽賓國（今喀什米爾），師事名德槃頭達多法師。於後秦弘始三年（四零一年），蒙後秦皇帝姚興以國師之禮迎請至長安，當時的鳩摩羅什已屆中年。

　　鳩摩羅什法師到長安後，創立了歷史上最大的佛教翻譯院。在這所一千多人的翻譯場裏，有口宣梵本的，有定字義的，有潤色文筆的，有校正的；首先由法師以梵語誦讀經文，繼用漢文口譯經文，並向在場人士解釋內容。之後其弟子負責筆錄，由法師校對及審定譯文無誤，再用漢音誦出。一個經本的譯出，需要經過多個流程，最後報請皇帝批准。他在漢地訓練了千多名翻譯人才，在十六年內翻譯了

金剛經之不同版本及譯者

譯者	朝代	名稱	大正藏目錄
鳩摩羅什 （Kumārajīva， 龜茲人， 三四四—四一三年）	後秦	《金剛般若波羅蜜經》	第八冊，編號二三五
菩提流支 （Bodhiruci，又名道 希，北印度人，生年 不詳—五二七年）	元魏	《金剛般若波羅蜜經》	第八冊，編號二三六 有兩譯本二三六 a、 二三六 b
真諦 （Paramārtha，又名 波羅末陀，西印度人， 四九九—五六九年）	陳	《金剛般若波羅蜜經》	第八冊，編號二三七
笈多 （Dharmagupta；又 名達摩笈多、法藏， 南印度人，生年不 詳—六一九年）	隋	《金剛能斷般若波羅蜜經》	第八冊，編號二三八
玄奘 （漢人，六零零— 六六四年）	唐	《大般若波羅蜜經》〈第九會能斷金剛分〉	第七冊，編號五七七
義淨 （漢人，六三五— 七一三年）	唐	《佛説能斷金剛般若波羅蜜多經》	第八冊，編號二三九

三百多卷佛經，包括《法華經》、《維摩詰經》、《阿彌陀經》、《梵網經》、《摩訶般若波羅蜜多經》、《中論》、《百論》、《十二門論》、《金剛經》等數十部，幾乎每個月翻譯兩三卷。

相傳四一三年，當時七十高齡的鳩摩羅什感知陽壽將盡，向僧眾告別道：「希望我所翻譯的經典能廣傳於世。我今在大眾面前發願，如我翻譯的經典沒有錯誤，願我身體火化後，舌頭不會焦爛。」

鳩摩羅什圓寂後，其弟子以佛禮火化遺體。灰飛煙滅後，但見其遺體悉粉碎，只有舌頭不爛，應驗了鳩摩羅什的誓願，三寸不爛之舌成為珍貴的「舌舍利」。這世間僅有的「舌舍利」，如今供奉在甘肅武威市涼州區的鳩摩羅什寺塔。

鳩摩羅什法師一生不求財、不求名、不求利，只埋首翻譯佛經，為了普度眾生、滿菩提願而將身心奉獻佛教，功德纍纍，可昭日月。據說，中土自唐朝開始，他所譯的經典就風行全國，人人受持讀誦，可見其與中土眾生法緣深厚。

相傳，唐朝的道宣律師持戒清淨，得到天人供養。一天，道宣律師問天人，為甚麼鳩摩羅什所翻譯的經典，得到大眾受持。天人就告訴他，那是因為鳩摩羅什從七佛以來，就當佛的翻譯法師，因為他生生世世都發願：「有佛出世，我就要來翻譯經典！」讓佛的教法在世間流通。

第三節
《金剛經》之結構

　　南朝梁武帝蕭衍[18]（四六四—五四九年）的長子昭明太子（五零一—五三一年），為方便大眾研讀《金剛經》，把這篇幅頗長的經文細分為三十二分。

　　梁武帝一生信佛，即位後在全國各地廣興佛寺，更多次捨身出家，有「皇帝菩薩」的雅號。昭明太子又編製了《昭明文選》，保存了梁代以前的中國文學作品。

　　《金剛經》的第一分（序分），稱為「法會因由分」，主要介紹法會的緣起。甚麼因緣令釋迦牟尼佛開顯這部經？其原因何在？

　　第二分是「善現啟請分」。善現是須菩提[19]的別名。他是佛陀座下十大弟子之一，被譽為解空第一，對於空的義理了解得最透徹、最精闢。啟請就是提問的意思。須菩提為當機者，他向尊者請示了一個問題，就是發心菩薩「云何應住？云何降伏其心？」因而引起整部《金剛經》的論述。

《金剛經結構》

第一分（序分：法會因由）

第二分 ——→ 第八分　　明示無住以生**信**

第九分 ——→ 第十六分　　推闡無住以開**解**

第十七分 ——→ 第二十四分　　深觀無住以進**修**

第二十五分 ——→ 第三十一分　　究極無住以成**證**

第三十二分（流通分：鼓勵廣度一切眾生）

18　「姓蕭名衍，字叔達，南蘭陵中都里人（今江蘇省武進縣西北）。南北朝梁開國君主。與南齊同族，仕齊，曾任雍州刺史。後乘齊亂，篡而自立，在位四十八年。博學能文，勤政愛民。晚年信奉佛教，曾三次捨身同泰寺。後於侯景之亂時餓死，卒諡武，廟號高祖。著有《孝經義》、《中庸講疏》、《涅槃》、《大品》、《淨名》、《三慧諸經義記》等書，明人輯有《梁武帝御製集》。」參見《重編國語辭典修訂本》（台灣教育部，二零一五年）。

19　須菩提，恒好空定，能通達空義，故稱「解空第一」。據《增一阿含經》卷二十八所載，佛由忉利天下降閻浮地時，眾人皆前去禮佛。師正縫衣，欲往迎時，頓生一念，乃觀諸法皆空、不造不作之理，遂解今所歸命實為真正之法聚，乃還坐縫衣。參見《佛光大辭典》，頁三六九。

從第二分「善現啓請分」至第八分「依法出生分」共七個章節，旨在建立眾生的信心，示「無住」以生信，即是說應無所住而生其心。世尊教導我們不要執着，要生起菩提心而不執着它，不攀緣六根與六塵，不生六色。不執着一切，這就是「無住」。

要學習《金剛經》，就得了解無住。由於無住意義深遠，我們暫時先這樣解釋，之後會逐步對之作深入討論。簡言之，從本經第二分至第八分，世尊開示了無住，啓迪眾生不攀緣，不生我執、法執、空執，而建立信心。

從第九分「一相無相分」至第十六分「能淨業障分」共八個章節，以無住而開顯並透析其義理，此為《金剛經》的核心思想所在。

從第十七分「究竟無我分」至到二十四分「福智無比分」共八個章節，教人如何修行。行者在建立信心、對釋迦牟尼佛所說的般若智慧有所了解後，必須觀無住以修行，把理論加以實踐。

從第二十五分「化無所化分」至三十一分「知見不生分」，說明行者經過「信」、「解」這兩個階段後，就要進入「行」，徹底真實地修持，邁向成佛道上，克期證果。從聞、思、修入三摩地，從「文字般若」到「觀照般若」，最後達到「實相般若」。

第三十二分是「流通分」。世尊怕行者不肯廣弘大法，普度眾生，故特設一章，說明行者必須要燃佛明燈、續佛慧命，令到一切眾生都證得無上的正等正覺，那才是大乘菩薩廣度眾生的精神。

若行者只有自己信、解、行，而置仍流浪生死輪迴的眾生於不顧，比喻自己住華廈而眾生則住陋巷，那又於心何安？這樣有違佛教的慈悲本懷。菩薩行者需普度眾生，把《金剛經》廣泛流通，讓眾生都能得聞佛陀的無上甚深法寶，共證無上菩提，那才是圓滿的大乘菩薩行儀。

我們要戒除馬虎的惡習，逐字逐句消文解意去分析，這才叫實解。若能真正深入理解《金剛經》，依法精進修行，就能更好地理解其他經典。三藏十二部佛經般若正如浩瀚無邊的大海，有人問：我們

應如何去一一解讀？我常常這樣回答：若要知道海水的味道，你不需要把大海的水飲盡，只需取一瓢，仔細品嘗，就知道海水的鹹味了。現在我們努力學習《金剛經》，若能了解經義，依法修行，即能嘗到無上法味。

（一）《金剛經》的二部結構

在「善現啟請分第二」中，須菩提向世尊提出一個問題：「善男子、善女人，發阿耨多羅三藐三菩提心，應云何住？云何降伏其心？」他在「究竟無我分第十七」中，再次提出同一個問題，兩問之間又有何分別呢？

《金剛經》的前半部（第一至第十六分）其中所說的「善男子、善女人」是指薄地凡夫；而後半部（第十七至第三十二分）中所說的「善男子、善女人」是指已發菩提心的修行菩薩。

當須菩提第一次問「應云何住，云何降伏其心？」時，佛陀的開示旨在建信和起解，而在第二問後，佛陀的開示則重在修行和證果。

現在讓我們研讀經文，看看佛陀是如何回答須菩提的第二次提問：

佛告須菩提：「善男子、善女人，發阿耨多羅三藐三菩提心者，當生如是心：『我應滅度一切眾生；滅度一切眾生已，而無有一眾生實滅度者。』何以故？須菩提！若菩薩有我相、人相、眾生相、壽者相，則非菩薩。」

本經前半部開顯如何遣除心外的所緣境。六根執着六塵時就是所緣境。遣除所緣境，就是遣除「所執」，即不執着我所緣執的東西；而後半部則着重清淨內在心識，應怎樣去修行。前半部是講我所執着的外境，這是粗境；後半部是講我能執着的內心，那些我所執着的東西是外在境物而已，而真正的盜賊是那能執的內在心識。簡言之，前

半部對治的是「所執」；而後半部對治的是「能執」。打個譬喻，前半部講的是如何對治你的眼、耳、鼻、舌、身所做的壞事，而後半部講的就是如何擒賊先擒王，對治你的心王。

經中前半部問：「應云何住？」是教我們發「阿耨多羅三藐三菩提心」，發了這個心之後，要怎樣守持住這個心。後半部問：「云何應住？云何降伏其心？」講的是怎樣降伏這個發心而令它不生變。從義理而言，《金剛經》前半部教人破我執，後半部教破法執。

因為發心各有不同。淨宗十一祖省庵大師的《勸發菩提心文》有講：「然心願差別，其相乃多；若不指陳，如何趣向？今為大眾略而言之。相有其八，所謂邪、正、真、偽、大、小、偏、圓是也。……云何去取？所謂去邪、去偽、去小、去偏，取正、取真、取大、取圓。如此發心，方得名為真正發菩提心也。」大家應該細讀此文，在此先不作詳解，因為稍後篇幅再有研討。所謂發大心成大果，發了心之後，就得住心，即令此已發之心不變，令精進之心持續。降心是指降伏妄想分別，妄心降伏了之後，真心自然顯露。

第四節
《金剛經》的辯證法
及其「緣起性空」義理的內涵

（一）即非辯辭

細讀《金剛經》，大家不難發現全經不乏以下句型：

如來說 X 是 X，即非 X，是名 X。

這「正命題（是）、反命題（即非）、合命題（是名）」的推理方法，有人稱之為即非辯辭，這就是《金剛經》的辯證法，而這邏輯推理乃屬於因明學的範疇。

現在列舉一些這種句型的例子：

即非、是名例句：

依法出生分第八：是福德，即非福德性。是故如來說福德多。

莊嚴淨土分第十：莊嚴佛土者，即非莊嚴，是名莊嚴。
佛說非身，是名大身。

如法受持分第十三：佛說般若波羅蜜，即非般若波羅蜜，
是名般若波羅蜜。
諸微塵，如來說非微塵，是名微塵。
如來說三十二相，即是非相，是名
三十二相。

同樣句型的例子還有：

一、如來說世界非世界，是名世界。

二、是實相者，則是非相，是故如來說名實相。

三、 如來說第一波羅蜜，即非第一波羅蜜，是名第一波羅蜜。

四、忍辱波羅蜜，如來說非忍辱波羅蜜，是名忍辱波羅蜜。

五、如來說一切諸相，即是非相。

六、所言一切法者，即非一切法，是故名一切法。

七、如來說人身長大，則為非大身，是名大身。

八、如來說諸心，皆為非心，是名為心。

九、如來說具足色身，即非具足色身，是名具足色身。

十、如來說諸相具足，即非諸相具足，是名諸相具足。

十一、說法者，無法可說，是名說法。

十二、眾生，眾生者，如來說非眾生，是名眾生。

十三、所言善法者，如來說即非善法，是名善法。

十四、凡夫者，如來說則非凡夫，是名凡夫。

十五、如來所說三千大千世界，則非世界，是名世界。

十六、如來說一合相，則非一合相，是名一合相。

十七、世尊說我見、人見、眾生見、壽者見，即非我見、人見、眾生見、壽者見，是名我見、人見、眾生見、壽者見。

十八、所言法相者，如來說即非法相，是名法相。

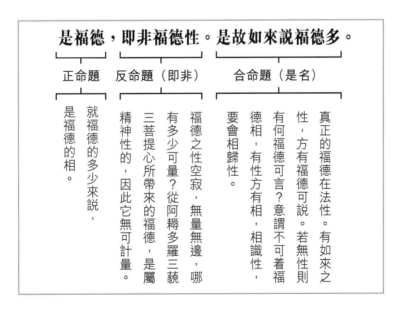

是福德，即非福德性。是故如來說福德多。

正命題	反命題（即非）	合命題（是名）
就福德的多少來說，是福德的相。	福德之性空寂，無量無邊，哪有多少可量？從阿耨多羅三藐三菩提心所帶來的福德，是屬精神性的，因此它無可計量。	真正的福德在法性。有如來之性，方有福德可說。若無性則有何福德可言？意謂不可着福德相，有性方有相，相識性，要會相歸性。

我們嘗試用「依法出生分」第八中的「是福德，即非福德性，是故如來說福德多」這一句，來解釋《金剛經》的即非辯證法。

《金剛經》中的即非論理句式中，凡是「是名」所指的是其「相」（phenomenon），凡是「即非」所指的均為其「性」而言，即指其無形無相的體性（noumenon）。句中正命題所述的福德（是福德），指的是福德的「相」，而非福德的「性」（即非福德性）。相狀可計量，有限度，但體性無形無相，是無限量的。

這段文字的前面是佛陀問須菩提：「須菩提！於意云何？若人滿三千大千世界七寶，以用布施，是人所得福德，寧為多不？」即是說：「如果有人用三千大千世界那麼多的七寶來布施，這樣的福德多不多？」須菩提便回答：「是福德，即非福德性，是故如來說福德多。」他的意思是說：如果說福德「多或少」，即是認為福德是可計量的（quantifiable）。其實，凡可量的是「相」，不是「性」。至於福德的「性」是無形無相的，是不能算的（immeasurable, unquantifiable）。因為佛陀現在所問的是福德的相，所以須菩提說這人的福德很多，但福德的體性清淨無染，是不可計量的，所以不能算出有多少（廣大無量）。這裏暗示布施不要執着它的所施、能施、受施的福德有多少，因為福德的清淨體性無量無邊。這人若不執着福德的種種相而布施，才能體證其清淨性。這清淨性的功德是殊勝而不可思議的。這就是所謂「以相悟性，合相歸性」。（關於「性相之別」，請參考第二章第五節。）

又拿「莊嚴佛土者，即非莊嚴，是名莊嚴」這一句作辯證分拆。

這裏，有正命題（thesis）、反命題（antithesis）和合命題（synthesis）的三方關係。首先，我們觀察到有一現象存在，於是建立正命題：「莊嚴佛土者」；然後，我們指出一個反命題：「即非莊嚴佛土」，從而說明其為相而不是性。其性是空寂的，是因緣所生法；最後，正反命題的糅合而成為合命題：「是名莊嚴」，即合相歸性，要歸法性、如來之性，要按阿耨多羅三藐三菩提法而說其為莊嚴。這裏啓示我們不要執着佛土的莊嚴相，要了解其「緣起性空」之理。

（二）遮詮與表詮

真理或悟境是「言語道斷，心行處滅」的絕對境界，很難以文字言語、概念思惟去表達，只能以相對性的現象去詮釋。佛經中有兩種常見的表意方法——遮詮與表詮。

遮詮（explanation by negation）：即是以否定的方式（不是這樣），從反面作否定的句法表達，以排除描述對象的屬性，例如描述鹽是以「不淡」的否定句式說其特質；經中勸人不要執着我見就用「不應住色生心，不應住聲、香、味、觸、法生心」；勸人不要執法就用「不可取，不可說，非法，非非法」；或勸人不要執「我」，就用「無我相，無人相，無眾生相，無壽者相」。這些「不應」、「不可」、「無」就是遮詮的句法。

表詮（explanation by affirmation），即以肯定方式（是這樣），從正面作肯定的表述，來顯示描述對象的屬性。再以描述鹽的特質作比喻：說鹽是「不淡」即遮詮；說鹽是「鹹」即表詮。經中的「應無所住而生其心」，「發阿耨多羅三藐三菩提心者，於一切法，應如是知，如是見，如是信解」，這些「應」、「如是」都是表詮的句法。

佛菩薩們教導眾生不一定從正面肯定地表詮諸法空義，有時會透過另外一種思考方式——「雙邊否定」（negation of the extremes），把空的義理更具體地顯示出來。甚麼是「雙邊否定」？凡夫通常以極端或邊見的概念來觀察世間萬物：例如生滅、有無、高低、美醜、善惡、憎愛、順逆、垢淨、是非等的對立思惟。但是，凡圍於二邊的偏見，都是從計較取捨、分別斟酌的妄心流露出來的。試問：一味偏執於事理的兩種極端，又怎能體會到真理呢？其實，真理是超越相對思惟的；它要透過否定種種相對性的概念才能顯露出來，所以描述真理時，不少經論喜用雙邊否定的方式和句語，如《中觀論》的「八不」：「不生不滅、不常不斷、不一不異、不來不出」；又例如本經中所說：「如來者，無所從來，亦無所去，故名如來。」來解釋「諸法空相」。

這是遮詮的論證方式。

禪宗祖師多用「遮詮」的方式開導學人，因為他們認為「說似一物即不中」。若以「應該這樣」、「如是這樣」的肯定句式，就不能說中要義。他們認為「遮詮」（不應這樣、不是這樣）的表達方法更為恰當。

（三）緣起性空

大家若能先略知「緣起性空」的道理，以後消文解義，就能較易讀懂經中內涵的「空」義。

何謂「緣起」？萬物都不是憑空而有的，必須在眾多因緣（條件）和合之下，才能生起和存在，亦由於種種因緣散失而歸於消滅。主要而力強的條件為「因」；次要而力弱者是「緣」。換言之：萬物的生滅，就是因緣的和合與散失，但其間關係複雜綿密，互為因果，如千絲萬縷，形成了世間的森羅萬象。

何謂「性空」？世間一切事物，緣聚則生，緣滅即散，並無實在的「自性」，因為凡是有自性的事物，必定是：一、獨立自主的，即無須依仗因緣而成；二、永恆的，即不會因變壞而消滅。但是，宇宙間並沒有這樣的事物，因為一切都是生滅相續，變化無常的，所以說諸法無自性。這種諸法自性了不可得的特質稱為「空」。很多人誤解空為一無所有之意。《中論‧觀四諦品》說：「以有空義故，一切法得成，若無空義故，一切則不成。」其實，「空」是建立萬有的要素。宇宙有了「空」，才能衍生萬物，心中有了「空」，才能忍讓包容，所以「空」是宇宙之體，人生之本，萬物之源。這「空義」啟示出「三法印」的根本思想：

一、諸行無常：從時間的角度觀察世間，一切現象皆屬遷流變化，剎那生滅，所以世上無永恆不變的事物。

二、諸法無我：從空間的角度觀察世間，萬有緣聚則生，緣散則滅，是由種種因緣條件相賴依存，互為因果的，所以萬物是「無我」的。

三、涅槃寂靜：眾生因誤認萬物為有自性的，故執着「我」、「我所」，遂起惑造業，受報輪迴，流轉生死苦海。若能證悟「無我」，則惑亂不起，即能覺悟諸法實相，獲得無礙自在的生命解脫。

　　一切眾生被五蘊身心迷惑了，不知這「緣起性空」之理，所以處處在日常生活中，執着為有我、永恆的有、自私的有，產生人我的分別，又生起我見、我慢、我痴、我愛等煩惱，造出殺、盜、淫、妄語、惡口、綺語、兩舌、貪、瞋、痴十惡，因作惡而受報，流轉於六道輪迴之中。如果能以般若空義去觀照自己的一切行為、言語、思想，了達萬物皆緣生緣滅，空無自性，漸漸就會破除人我二執了。

　　現象雖然是「空」的，但是沒有現象又怎能表現萬物的無常、短暫、緣起的空性？例如：沒有燈泡與其所發出的光亮，又怎能表現電力的性能呢？空性不能離開現象，因為離開現象即無以顯示空性。換言之：如果要認識空的真理，必須要落實在經驗世界中，不可離開生活，到另一虛無縹緲的境界中體證空。宇宙萬法就是建立在空義上。空並不是「甚麼都沒有」的意思，而是一切法之所依，是萬物不可須臾離卻之真理，是一切法存在和活動的原理。換言之：如果沒有空性，一切萬物，就不能從緣起而生，也不能從緣盡而滅。一般人以為佛門說空是要否定一切。其實空並非否定一切，相反來說，就是因為空，才可以建立、創造一切，例如沒有空間則不可以建築房屋；布袋不空，又怎可以用來盛載物件呢？宇宙不空，又如何有萬物呈現呢？所以要「空」，然後才會「有」。當我們認識空，就能捨棄執着，開豁偏端的心境；當我們了解空，就能蠲除成見，伸展狹隘的視野；當我們體驗空，就能以智慧來審視行為，反省自己的生活。

第二章

生信

（第一至八分）

第一節
法會因由分第一

（一）法會緣起

如是我聞：

我親耳聽到佛這樣說。

當佛陀將要入滅時，阿難尊者（梵語：Ananda）[1] 在長老阿那律[2] 催促下，把握最後時間，提出了四個問題。其中第四個問題，就是「佛經首作何等語？」當時，佛開示曰：「一切經首，應冠如是我聞之語。」所以，《金剛經》也是以「如是我聞」（梵語：Evaṃ mayā śrūtam）來開始。

阿難當時提出的其他三問，分別為：

一、佛滅度後以何為住？

二、以何為師？

三、遇惡性比丘應如何處理？

對於第一個問題，世尊答曰：「以四念處為住。」四念處又名「四念住，即身念處、受念處、心念處、法念處。身念處是觀身不淨；受念處是觀受是苦；心念處是觀心無常；法念處是觀法無我。此四念處的四種觀法都是以智慧為體，以慧觀的力量，把心安住在道法上，使之正而不邪。」[3]

四念處是上座部[4] 修習的方法，佛子如果不懂四念處，修行就無

1　阿難，華譯慶喜，是白飯王的兒子，提婆達多的弟弟，佛的從弟，生於佛成道之夜，後來隨佛出家，侍奉佛二十五年，為佛執事弟子，以多聞第一著稱。參見《佛學常見辭彙》，頁二零八。
2　佛十大弟子之一，以天眼第一著稱。同上，頁二零六。
3　同上，頁一四二。
4　上座部，梵名 Ārya-sthavira-nikāya，巴利名 Theravada。又稱銅鍱部。音譯作他鞞羅部、體毘履、他毘利與。乃部派佛教之一派。……在上座部系統中，有部勢力最大，可謂為上座部理論之代表。此一部派，於公元前三世紀，由印度傳入錫蘭等地，後稱南傳上座部，至今仍盛行。〔異部宗輪論、大毘婆沙論卷九十九、三論玄義、大乘法苑義林章卷一本〕參見《佛光大辭典》，頁七一九。

法擺脫淫念。擺脫不了淫念，就修不了禪定。所以有家室之人，是無法真正修禪定而有成就的。有淫欲者而自稱修禪定到某一境界，無有是處。

對於第二個問題，佛說：「以戒為師。」

至於第三個問題：遇惡性比丘，該如何處理？佛陀的答案是：「默而擯之。」即靜靜地捨離，不要跟他大吵大鬧，不要理會他。

在末法時代，邪師說法如恆河沙。邪師是指不根據釋迦牟尼佛所說的法，而出來演說「佛法」的人。他們有些德行不好，有些追逐名利，更有些不是真和尚。遇到這樣的邪師，大眾應默而擯之。

回說法會因由分。此一品只短短數十字，而起首一句：「如是我聞：一時，佛在舍衛國祇樹給孤獨園，與大比丘眾千二百五十人俱。」即說明了六種成就。

一、信成就：有人相信佛所說的法

二、聞成就：有聞法的人

三、時成就：某時某日

四、主成就：說法者

五、處成就：說法地點

六、眾成就：發起眾、隨喜眾、和合眾

因為有以上六種因緣，諸法因緣和合而成就了法會。

由六種因緣成就，才能成立一個講經法會

一、信成就：有人相信佛所說的法（如是）

二、聞成就：有聞法的人（我聞，即阿難聞）

三、時成就：某時某日（一時）

四、主成就：說法者（佛）

五、處成就：說法地點（在舍衛國祇樹給孤獨園）

六、眾成就：發起眾、隨喜眾、和合眾（與大比丘眾
　　　　　　千二百五十人俱）

如是

前面所說的六種成就，是由世間法來看因緣成就。這是從「事」方面來看。若從「理」方面來看，「如是」中之「如」是講法之妙「理」，即「觀照般若」和「實相般若」。「是」指「文字般若」。觀照般若是智慧，即能觀之智。實相般若是理體，是所觀之理。觀照般若所照的就是實相般若，是尋求和啓發真理的方法，要把理體從實相般若本體中找出來。理和智是一而二，二而一，理智如如這個實相之理是不變動的。但是，我們必須要從文字入手了解這個真理。

我聞

「我」是指阿難尊者，是佛陀的侍者。佛每次說法，他必在座恭聽，又因他的記憶力很強，一聽就能記住，所以又稱「多聞第一」。

所以，「我聞」就是阿難尊者聽聞釋迦牟尼佛所說的如是之理，從文字般若裏面，通過觀照般若得到實相般若。

一時，

為甚麼不說某年某日，而要說「一時」？因為佛不只在人間講法，有時會到天上說法。例如釋迦牟尼佛是在兜率天講《地藏菩薩本願經》的。天上與人間的時分都不相同，唯有說「一時」。

佛

甚麼叫佛？佛（梵語：Buddha），佛陀的簡稱，是覺悟（大徹大悟）的意義，覺悟有數個層次，可分為「本覺」、「始覺」、「究竟覺」。

（二）本覺、始覺、究竟覺

本覺

甚麼是本覺？本覺是人人本具，雖輪迴生死而絲毫不失。雖具有此本覺，但當你在迷時，妄想執着，便不能證得。本來有本覺的，但你不察覺，將本覺轉為無明。雖然「不覺」，在六根門頭，仍各有所知，這知見是從本覺流出的。

「菩提本無樹，明鏡亦非台。本來無一物，何處惹塵埃？」一面鏡子沾惹了塵埃，那面鏡子說：「這些塵埃不是我的，我本來便沒有這些塵埃。我本來是光明顯照萬物，本來是清淨的。」

鏡子本來就有這種發射光的能力（英文 reflectivity，此處指本覺），只是暫時遭塵埃蒙蔽。「本來無一物」是說，本來這些塵埃與我無關。我不會因為這些塵埃，而失去本覺。

即是禪門所說：「不是風動，不是幡動，仁者心動。」你本來是清淨的，忽然間想起財色、想起爭權奪利，就不清淨了，不覺將本覺轉為無明，墮入了迷惑。

人人本具佛性，有真如、如來藏、圓成實性。然而，眾生流轉生死，在每期的生命中，身體猶如經常入住不同的酒店，不斷入住、退房。誰是主角？為甚麼有時入住豪華大宅，有時卻住進了貧民窟？那是你自己的業力招感得來的果報。

眾生雖然流轉生死，但本具的佛性沒有改變。只是那本來清淨的你，一時迷失，一時執着、愚痴，就不清淨了。為甚麼呢？

假如在這一刻，你坐在這裏，眼觀鼻，鼻觀心，一刻無念：不留戀過去快樂的時光，不痛恨以前哀傷的事情，也不憂慮未來，完全不去思量過去、現在、未來，你此刻甚麼也不想，你的心識就開始清淨了。

但假如在下一刻，你想起要和生意夥伴開會，要想辦法對付他，那就為了名利而陷入爭權奪利的漩渦中；又再下一刻，你思量晚上吃

甚麼菜,上哪一家餐廳,那又馬上不清淨了。

眾生一刻不覺,就把本覺轉為無明。因念念不同,思緒紛至沓來,所以亦時常處於無明中。我們的思緒就好像猿猴一樣,不斷攀樹幹;當你時常六根向外攀緣,經常轉換所緣境,就遺失了本覺,沒有清淨心了。

我們本來自性清淨,只是想了其他事情,六根攀緣。例如閉上眼睛時就不斷思量過去、現在、未來;睜開眼睛時,更加不斷攀緣各種事物,那就不清淨了。但只要你一刻清淨,念一聲「阿彌陀佛」,當一收斂時,馬上可回復清淨心。

可是,若你不斷攀緣,由無明產生不覺,這個六根攀緣外境的知見,都是從本覺流露出來的。在六根門頭,各有所知,都有潛在的覺悟。即是說「妄不離真,真不離妄」。

所以,如你能夠修習靜坐的法門,處於止觀中,就當下清淨。永嘉大師[5]在《證道歌》中有云:「絕學無為閒道人,不除妄想不求真。無明實性即佛性,幻化空身即法身。」又謂「法身覺了無一物,本源自性天真佛」。

本覺人人本具,就是說你本來已經具足存在,在聖不增,在凡不減,湛然寂靜。本來就如此清淨,不過,你想了其他事情,就迷惑了。

始覺

那麼,甚麼是「始覺」?當你開始聽經聞法,知道妄心中有真性(本覺),在生滅法的心中,有不生不滅的,清淨的佛性。有此覺悟,你就進入始覺了 (you are beginning to understand the truth)。

小乘聖人「覺空」;權乘菩薩度生「着有」、自修時「着空」,

5　溫州永嘉玄覺禪師。永嘉人,姓戴氏。出家遍探三藏。精通天台之止觀。後詣曹溪六祖,言下契悟,一宿而去。時稱一宿覺。翌日下山,回溫江。學者輻輳。號為真覺大師。唐睿宗先天元年入寂,賜謚無相大師。著《證道歌》一首。又有永嘉集盛行於世。見《傳燈錄》五,佛祖統紀十。參見《佛學大辭典》,頁八六八。

二者俱屬「妄覺」。唯獨佛，方能「真覺」。這樣了知，就名為「始覺」。

小乘聖人覺空，他知道一切法都是空的，無自性的。他破了我執，雖然沒有了我執，還有法執（即尚有「空法」）。權乘的菩薩沒有空法，即是說不執着法：無我執，無法執。但是，他度生時着有、自修時着空——當他度眾生的時候，仍有分別，那時他處於妄覺之中。雖然他為度眾生而有分別，但當他自修時，內心並無分別，無有一法可得。唯獨佛，空有不着，方能真覺。如果你能夠明白這些道理，就開始覺悟了，這時候就叫「始覺」。

有了始覺的行者，就開始持戒：不殺生、不偷盜、不邪淫、不妄語、不綺語，開始修行了。可惜有些人，永遠沉醉於財、色、名、食、睡，受困於色、聲、香、味、觸、法，永遠在迷途中。

究竟覺

了達始覺道理，是「名字始覺」；若能從性起修，時常行、住、坐、臥都知道要開始覺悟，勤修戒、定、慧，知道自己有真如自性，念念反照自心去觀照，就叫做「觀行始覺」。繼而六根清淨，相似於見佛性者，即「相似始覺」。若以此功再進修行，破一分無明，證一分法身，即「分證始覺」。若無明淨盡，徹底究竟。至此始本合一，便是「究竟覺」。

「般若」意為智慧，可分成三種：實相般若、觀照般若、文字般若。若以三般若的解説去分析，本覺是實相般若，那是真正的真如理體。始覺是你開始覺悟了，知道從文字去觀照和修行，是觀照般若和文字般若。而最後達到實相般若，究竟覺悟。

可是，開始時只有本覺，還沒有究竟覺。即是説，你那面鏡子裏，有觀照的本質，有照見五蘊皆空的明淨的體，但如果不把塵埃抹掉，也不會有究竟覺。即是説雖然行者有佛性，但仍不是佛，也要修行，通過聽經聞法、拜佛、誦經、持戒、禪坐等修行方式，才能成

佛，得究竟覺。

始覺需要因緣才能成就的，若人只有佛性，而沒有緣份去修行，就不能成佛。所以能夠幫助別人和自己成就始覺（即弘揚佛法），那就功德無量了。釋迦牟尼佛、觀音菩薩、地藏菩薩等諸佛菩薩，普救世人慧命，讓眾生脫離生死，離苦得樂，其偉大之處在此。

在舍衛國祇樹給孤獨園，

舍衛國（梵語：Srāvastī，又稱舍衛城）[6]是佛當時說法的地方。佛曾在多處說法，除舍衛國外，還有王舍城（梵語：Rājagṛha）、毗舍離（梵語：Vaiśālī）、僧伽施（梵語：Sāṃkāśya）等地。

佛在舍衛國祇樹給孤獨園（梵語：Jetavana-anāthapiṇḍasyārāma）講《金剛經》。那地方是祇陀太子和給孤獨長者共同捐贈出來的。

話說當時有一位富甲一方的長者慈善家，名為給孤獨長者。他因時常做善事，救濟一些孤獨的人，所以得名。當時釋迦牟尼佛帶着僧團到舍衛國說法，給孤獨長者看到祇陀太子有一個地方，便想買下來供養佛。

祇陀太子對長者說：「我可以把這個地方轉讓給你，但你要以黃金鋪滿這地。我的作價，就是鋪滿這地所需黃金的價格。」

根據《佛祖統紀》、《賢愚經》、《法苑珠林》等，是祇陀太子見長者鋪金後，尚有一小塊地未鋪，長者正躊躇需用運多少金來補滿該處時，太子見他為供養佛陀，毫無慳吝之意，於是說：「勿更出金，園地屬卿，樹木屬我，我自上佛，共立精舍。」祇陀太子捐地，給孤獨長者為地鋪金，故此處名祇樹給孤獨園。

6　地名，為古印度憍薩羅國的都城，華譯為好名聞，因其國中政教善良，風俗敦厚，且充滿許多有德有智的學者，嘉譽風聞各國，故名。參見《佛學常見辭彙》，頁二零四。

與大比丘眾

大比丘（梵語：mahābhikṣu），梵語「mahā」是大的意思。為甚麼是大呢？因為聲聞、緣覺屬上座部，注重自度而隨緣度他。大比丘則指修行迴小向大，不單止自度，還普度一切眾生，所以稱「大」。比丘有三個意義：怖魔、乞士、破惡。

為甚麼是怖魔？當一個人出家修行時，自在天的魔王波旬[7]會不高興，因為他害怕這個出家人將來會成佛。他化自在天魔王波旬認為世人都是他的子民，若有人成佛就會令他的人民覺悟而離開。怖魔就是令所有魔都驚怖、都不喜歡。

出家人又稱乞士，為了爭取時間修行而不煮食，同時為與世人結緣，寧願謙虛地沿門托缽化緣，這也是體現無我的行為。

出家人很精進地修行，破除惡習，勤修戒、定、慧，息滅貪、瞋、痴。所以又稱破惡。

千二百五十人俱。

佛有隨眾，每次佛陀講經說法，總有一千二百五十人在座。另外，還有無數的天龍八部、護法神靈等一起聽法。

這一千二百五十人是誰？佛陀一名弟子耶舍[8]，他領導了五十位朋友，在鹿野苑皈依佛陀，成為佛的隨從眾。另外，就是迦葉三兄弟[9]，又稱三迦葉，本來是外道，後來皈依佛陀。三迦葉中的優樓

7　天魔，指欲界第六天（他化自在天）之魔王，名為波旬，常嬈亂釋尊之修行。蓋諸佛出世，常有與其同世之魔障難其修行成道，且魔各有不同。波旬乃釋迦佛出世時之魔王，有無量眷屬，常障害佛道。參見《佛光大辭典》，頁一三六九。

8　耶舍，梵名 Yaśa 或 Yaśoda。又作耶輸陀、耶輸伽。意為名聞、善稱。中印度波羅奈國（今 Vāraṇasi，中譯瓦拉那西）大富長者善覺之子。因厭離俗世，遂出家，詣釋尊於鹿野苑（今 Sarnath）。僅次於五比丘，而為佛陀第六位弟子。後來，其父母及故二（妻子）亦皈依三寶，是為最早成為優婆塞、優婆夷者。參見《佛光大辭典》，頁三九三零。

9　迦葉，梵名 Kāśyapa，意為光波，因其身光炎涌，故稱。毘婆尸佛時，三人共立剎柱，以是因緣感報，遂為兄弟。一、優樓頻螺迦葉（梵名 Uruvilvā-kāśyapa），優樓頻螺，意為木瓜林；以其居處近於此林，故稱。其將護四眾，供給四事，令無所乏。二、那提迦葉（梵名 Nadī-kāśyapa），那提，意為河；以其居止近此河，故稱。其心意寂然，降伏結業，精進修行。三、伽耶迦葉（梵名 Gayā-kāśyapa），伽耶，意為城；以其居家在王舍城南七由旬，故稱。能觀了諸法，都無所着，教化眾生。三人原係事火外道，各有徒眾五百、三百、二百，佛成道後不久，即秉佛之教化，歸入正法。參見《佛光大辭典》，頁五九一。

41

千二百五十人俱：佛的隨從眾	
鹿野苑耶舍長者子朋黨（皈依眾）	五十人
三迦葉	
一、優樓頻螺迦葉師徒	五百人
二、伽耶迦葉師徒	二百五十人
三、那提迦葉師徒	二百五十人
舍利弗師徒	一百人
目犍連師徒	一百人
合共一千二百五十人	

頻螺迦葉，領導了五百人皈依佛，而伽耶迦葉和那提迦葉又各帶領二百五十人皈依。然後，舍利弗和目犍連各有一百個隨從，加起來就有一千二百五十人。

在這一千二百五十人中，很多是已經超越生死的聖賢，分別有證得初果須陀洹、二果斯陀含、三果阿那含、四果阿羅漢的行者；其中也有很多是已經成道的菩薩眾。

爾時，世尊食時，著衣持鉢，入舍衛大城乞食。於其城中，次第乞已，還至本處。飯食訖，收衣鉢，洗足已，敷座而坐。

根據印度的佛制，出家眾必須沿門托鉢，給予眾生供僧種福田的機會。由於是托鉢的關係，不會選擇信眾施予甚麼食物，所以他們的飲食也不分葷素。後來，佛法傳入中國，因地制宜，中國僧人改為自耕自足，且後更受梁武帝提倡，僧人應以慈悲戒殺教導信眾，形成中國僧侶持素的傳統。

當時世尊和弟子入舍衛城，沿門托鉢後，回到本處，大眾用完午齋，收拾好衣鉢，濯足完畢，展開坐具就坐後，佛陀就開始說法了。

所謂「三衣一缽出家人」，出家人吃飯的時候要搭衣持缽而食，這是佛制。僧人吃飯非常講究，要依循很多儀規，例如：吃之前要先念供養偈，之後要結齋迴向；吃飯時要禁語，不能單手拿食具或身體趴在桌上吃，行、住、坐、臥皆有威儀。出家人要有莊重的儀表，慈悲的心懷。中國人很講究食相的，身為佛弟子要特別注意。

第二節
善現啓請分第二

時長老須菩提在大眾中即從座起，偏袒右肩，右膝着地，合掌恭敬而白佛言：

這裏所指的長老，是戒臘高而又有德行的僧人。出家人每年四月至七月須結夏安居，結一夏就增加一戒臘，所以戒臘高，即出家日子不淺了。如果僧人在結夏安居期間，天天到處跑，一會兒去應供聚餐，一會兒去旅遊朝聖，他不結夏就不能算他有戒臘了。

須菩提（梵名 Subhūti），又名「空生」、「善現」、「善吉」，是佛陀十大弟子之一。他生於富裕之家，出生時家裏倉庫的寶物突然消失了，過了七天卻又重新出現。「空生」是指寶物突然消失了，而「善現」則指忽然間又出現了。從空而有，所以有術數師說，這是非常吉祥的預兆，故他又名「善吉」。須菩提號稱「解空第一」，因他是眾多長者中最明白空義的。

《中論》說：「未曾有一法，不從因緣生，是故一切法，無不是空者。」空義甚難解，若不了解即不易明解佛法般若。

「啓請」是提問的意思，正是因為須菩提的啓請，而引出佛陀開顯整部《金剛經》的義理。偏袒右肩，右膝着地，合掌恭敬，這些是印度出家人的儀規，表示尊敬。而白佛言，就是向釋迦牟尼佛述說的意思。

希有世尊！

世尊偉大之處，世間罕有。另一個希有的意思，又可指世尊的行

儀。就是前面所説的，釋迦牟尼佛及隨眾千二百五十人，入舍衛大城乞食，食時搭衣持鉢，誦咒結齋。這些看起來好像很簡單的事，但每一個動作行為，其實都是很稀有，從簡單的生活之中，體現到持戒生活的重要性。

世尊（梵文：Bhagavān），是佛的十個名號之一。佛另有十個聖號，分別為「如來」、「應供」、「正遍知」、「明行足」、「善逝」、「世間解」、「無上士」、「調御丈夫」、「天人師」、「世尊」。十個不同的名號，各有不同的意義，都是指佛陀的功德。

所謂如來，就是乘真如之道，來成正覺的意思。佛陀要讓眾生知道離苦得樂的人生真理。雖然每人詮釋自己的人生意義和價值，各有不同；但總括來説，不外乎追求兩種：一是遠離痛苦，二是要追尋快樂，所以為了幫助眾生遠離痛苦，佛示現了應化身，與眾生都是同樣的身體。

如來：乘真如之道來成正覺，示現了應化身
應供：應受人天供養
正遍知：知一切法，此法正而不遍，圓融無礙
明行足：明者三明。宿命明、天眼明、漏盡明；行是指身、口、意三業，徹底清淨
善逝：意指好去。何謂好去？入無餘涅槃，生滅滅已，寂滅為樂
世間解：一切有情無情事相，無不了解
無上士：十法界中，以佛為最上
調御丈夫：善能調御惡者，使其入正道
天人師：天界和人道眾生的師表
佛：自覺覺他，覺行圓滿
世尊：世間之尊

如來善護念諸菩薩，善付囑諸菩薩。

如來即是佛。如來的心時常愍念眾生，咐囑眾生，將他所證之法傳授給眾生。所以說如來善護念諸菩薩，善咐囑諸菩薩。

諸菩薩者，是「覺有情」（修行邁向覺悟的眾生），但這裏的菩薩是指一切眾生。

善男子、善女人，

何為善男子、善女人？就是受了一戒、二戒、三戒、四戒或五戒的男女。五戒是不殺生、不偷盜、不邪淫、不妄語、不飲酒。如果受了戒，但又繼續造以上的惡，就不算是善男子、善女人。

有人問，為何喝酒也是戒呢？我喝完酒就睡覺，沒有做到壞事，喝一點點可以嗎？

釋迦牟尼佛在世時，說了一個故事。話說有一個人在外面喝醉酒，回到家中還繼續喝。看見鄰居有一隻雞，他就偷了那隻雞，殺了來下酒。之後鄰居女士尋雞來了，他先是撒謊，否認自己偷雞殺雞的事，後來，看見女士相貌娟好，便強姦了她。

他因為喝酒，便接連犯了偷盜、殺生、妄語、姦淫等罪。只因破了酒戒，便牽引違犯了其他戒律。所以，飲酒被列為五戒之一，是有原因的。

（一） 無上正等正覺的心

發阿耨多羅三藐三菩提心，

「阿耨多羅三藐三菩提」（anuttarā-samyak-saṃbodhi），意譯為無上正等正覺。對宇宙人生的真理達到究竟的覺悟，才可稱為阿耨多羅

三藐三菩提。無上正等正覺的心，簡稱是菩提心。

「無上」指智慧圓滿，萬德具備，沒有能超越其上者。這和世間所謂的聰明不同，那種聰明是世間法。這裏所說的「正等正覺」，是出世間法，是無上妙勝的般若智慧，不可與世間聰明同日而語。正等是不偏而平等，正覺是正確的覺悟。意思是指佛陀經過歷劫的修行，一切業行得到徹底淨化，脫離三界六道輪迴的束縛，離苦得樂，得到人生的大解脫，對宇宙人生的真理達到究竟的覺悟。

正如前述，所謂發阿耨多羅三藐三菩提心，即是發菩提心。中國人喜歡簡化，不喜歡說阿耨多羅三藐三菩提，就用菩提（bodhi）兩個字代替。菩提本身是覺的意思，但阿耨多羅三藐三菩提不是普通的覺，而是無上的、正而不偏的，是正確的覺。

佛（Buddha）是從 bodhi 演變出來的字。有些人說，bodhi 是菩提，那麼菩提與般若（prajñā）又有何不同？為何又說實相般若是菩提？

般若是智慧，菩提是正覺。兩者的體是一樣的，二而一、一而二。例如水和浪的體性是一樣的，只是相狀不同而已。但般若是從因來看，菩提是從果來看。種了般若的種子就得到菩提的果。因中有果，果中有因。

為甚麼一個稱為般若，一個稱為菩提？這是因為修因和證果的程度不同。一切佛在因中修六度萬行，謂之般若，到了證果，達到六通、十力、四無畏、十八不共法，達到佛的境界，就稱為菩提。

有些人信佛，是為了求福壽、求名利，或為求某一件事而信。例如，有人生病了，數天後要做手術，所以要念《阿彌陀經》或《地藏經》，希望可以痊癒。這是有求的，不是正信。

怎樣才是正確的信佛心態？怎樣才是正確的發菩提心？菩提心發願立行的標準是甚麼？

（二）八種發心：邪、正、真、偽、大、小、偏、圓

發心是很重要的。當你皈依，念誦「眾生無邊誓願度，煩惱無

盡誓願斷，法門無量誓願學，佛道無上誓願成」時，就已經發了菩提心。

我們辨別信佛的正確心態，有八個指標：邪、正、真、偽、大、小、偏、圓。那是八種不同的心態。如不會分辨，便會遇上邪師，走上邪道而不自知。因為我們正在末法時代，邪師說法如恆河沙。

何謂邪？省庵大師[10]《勸發菩提心文》中有云：「世有行人，一向修行，不究自心，但知外務。或求利養，或好名聞，或貪現世欲樂，或望未來果報。如是發心，名之為邪。」

有些人信佛，是為了積累來生的資糧。例如有人今生長得相貌平庸，所以希望在佛堂供花敬佛，來生轉一副漂亮的皮囊，從而找到美好的姻緣。又例如有人今生窮困，於是發心布施，祈求今生或來生的富貴。這些為了祈求未來果報而不是修行的發心，就是邪見。

假如有出家人修建莊嚴廟宇，但卻只做打齋超度法會，收取單錢，祈求名聞利養，則無論他建多少輝煌巨剎，都是邪而不正的。我們身處末法時代，其中一個怪現象，就是廟宇建得愈來愈多，越來越大，但是弘法的人才卻愈來愈凋零。

那麼，怎樣才是正發心？省庵大師續稱：「既不求利養名聞，又不貪欲樂果報，唯為生死，為菩提。如是發心，名之為正。」

如有人為了離苦得樂、超脫生死而信佛，為了修菩提心，自度渡他，不但自己得道，還希望一切眾生得道，那才是正確發心。佛是自覺覺他，行者除了自覺，還要令一切眾生覺悟，如是覺行圓滿，才堪稱為佛。所以發菩提心的人，不只是自度，還必須發願度一切眾生。如沒有發願度一切眾生，就不是發菩提心。

甚麼是真？省庵大師說：「念念上求佛道，心心下化眾生。聞

---

10 省庵大師，蓮宗九祖之第九祖也。名實賢，字思齊。常熟時氏子。既出家，叩靈鷲和尚，參念佛者是誰，得悟。後於鳳山梵天講寺，屏絕諸緣。……癸丑佛成道日，謂弟子曰：我於明年四月十四日長往矣。自此掩關寸香齋，限晝夜課佛十萬聲。至期跏趺見佛來迎而化。年七十四。所著有《續往生傳》、《西方發願文》、淨土詩一百八首、《東海若解》、《舍利涅槃諸懺》等，並行於世。見《省庵語錄》附錄本傳。參見《佛學大辭典》，頁一七零六。

佛道長遠，不生退怯；觀眾生難度，不生厭倦。如是發心，名之為真。」

佛道是很長遠的，「佛道無上誓願成」，究竟有多長遠？從大乘佛法來說，除非你是念佛求生西方極樂世界，否則需要三大阿僧祇劫才能成佛。

龍樹菩薩在《十住毗婆沙論》中說，有難行道、易行道。難行道需要三大阿僧祇劫才能成就。三大阿僧祇劫是個甚麼概念呢？一小劫約一千六百萬年，一中劫等於二十小劫，一大劫等於四中劫。所以一個阿僧祇劫，約十三億四千三百多萬年。

如果以小乘的佛法來說，從初果須陀洹、二果斯陀含、三果阿那含，到成就四果阿羅漢需要多久？最少在行者成就初果，斷了見惑，還得在欲界輪迴，投胎七次才能成阿羅漢。這無疑是一段很長的時間。

「念念上求佛道，心心下化眾生。」如何是不生退怯？地藏菩薩曾發大宏願：「地獄不空，誓不成佛。眾生度盡，方證菩提。」待地獄裏沒有眾生受苦，他才證菩提。那麼要多長時間地獄才空？無盡期啊！

「眾生無邊誓願度」，雖然難度卻永不厭倦，這樣發心才叫真發心。

《勸發菩提心文》續言：「有罪不懺，有過不除，內濁外清，始勤終怠。雖有好心，多為名利之所夾雜。雖有善法，復為罪業之所染污。如是發心，名之為偽。」

甚麼叫偽發心呢？自知有罪，但隱瞞着大眾，不發露懺悔。自知犯錯，但不積極改過。雖然發心向善，但卻期望名聞利養。

「眾生界盡，我願方盡，菩提道成，我願方成。如是發心，名之為大。觀三界如牢獄，視生死如怨家，但期自度，不欲度人。如是發心。名之為小。」

要讓眾生完全離苦得樂，成就佛道，我的願望才算圓滿。這樣才

算是大發心。

若行者有強烈的出離心，視色界、欲界、無色界如虎口，不願再輪轉生死苦海。這就是小乘人的發心，故名之為小發心。這個發心並不是不好，只是不夠大而已，只要都是發真心、正心，大和小都是好的。

又省庵大師告大眾曰：「若於心外，見有眾生，及以佛道，願度願成，功勛不忘，知見不泯，如是發心，名之為偏。」

若有行者的知見，還有人我之分，以為有我能度之人，有所度之眾生，以為自己廣度一切眾生，就有功德，則還有法執，這樣的發心名之為偏。這是上座部的見地，雖是偏的發心，但也不是邪，只是不夠圓滿而已。

「若知自性是眾生，故願度脫，自性是佛道，故願成就。不見一法，離心別有，以虛空之心，發虛空之願，行虛空之行，證虛空之果，亦無虛空之相可得。如是發心，名之為圓。」

「圓」即圓頓大教，即是《金剛經》所說的「廣度一切眾生已，而無一眾生實滅度者」、「無我相、無人相、無眾生相、無壽者相、無法相、亦無非法相」。

大家衡量自己的發心是屬於哪一種？是正是邪？有沒有執着未來得到福報呢？有否念念上求佛道，心心下化眾生？

所謂發阿耨多羅三藐三菩提心，其發心必須要符合省庵大師所說的正、真、大、圓，才是正信、正知、正見。

應云何住？云何降伏其心？

發了菩提心後，應云何住？怎樣安住在「無生法忍」之中，令其不變？如果心變了，從真而起妄，煩惱起時，應怎樣降伏這心，令其不變呢？這是最重要的問題。如果能夠時常安住菩提心，每當煩惱起時就能夠馬上降伏，你就能走入聖道了。

善男子，善女人，發了菩提心後，應如何保持不變？當變的時候
又如何糾正之？當有煩惱產生又如何降伏之？

佛言，善哉！善哉！

　　釋迦牟尼佛就回答曰：善哉！善哉！
　　善哉，就如上座部以巴利文說："Sadhu, sadhu!"就是好的意思。

須菩提！如汝所說：「如來善護念諸菩薩，善付囑諸菩
薩。」

　　正如你所說，如來時常憫念眾生，時常叮囑教導眾生。

汝今諦聽，

　　何謂「諦聽」？諦聽有兩重意義。首先，要發真實求道之心來聽
經聞法，才叫諦聽。怎樣才算真實求道的心？你要萬緣放下，不能想
東想西，心如脫韁之馬。要降伏妄念，集中精神地聽經，這樣才能有
所領悟，才有聽經的功德。
　　其次，諦聽有審思之義。審是詳審，思是思惟。一邊聽經，一邊
思惟其中義理，這樣阿賴耶識才會種下成佛種子。
　　聽經是有很大功德的。但如聞法而不諦聽，不如理作意（梵語：
ayoniso manasikàra），功德就大減了。我們必須要以真實求道的心，
審思察用的思惟來諦聽、諦聽。

當為汝說。

　　我為你開示。

善男子，善女人，發阿耨多羅三藐三菩提心，應如是住，如是降伏其心。

　　如果善男子、善女人發了菩提心，就應該這樣去安住，不要令它改變。

　　第二分中最重要的一點，就是須菩提向佛陀提出：「善男子、善女人發阿耨多羅三藐三菩提心，應云何住？云何降伏其心？」亦正是這一問引起整部《金剛經》的開顯。

　　這問題的重點在於發阿耨多羅三藐三菩提心。初發心稱作「發心菩薩」，若未發心就不能成佛。「究竟心」就是說發了心之後，堅持修行而最終成佛。這個成佛的心，最難的是第一步的發心。所謂「合抱之木生於毫末；九層之台起於累土；千里之行始於足下。」發了心即是邁開了修行的第一步。

第三節
大乘正宗分第三

佛告須菩提，諸菩薩摩訶薩，應如是降伏其心。

佛陀回答須菩提的提問。

須菩提啟請的問題，是善男子、善女人發菩提心後，應如何安住其心（即是應怎樣能令這已發的菩提心安住不變），如何降伏其心（如果偶一不慎，妄心出現，應如何降伏這妄心）。但當佛陀回答時，卻是說「諸菩薩摩訶薩」應該怎樣做。為甚麼？是否佛陀答非所問？當然不是。

佛是從發心的角度回答這問題。如果行者從因地發菩提心，就是發菩薩摩訶薩的心，而成為大菩薩。

覺悟的有情眾生稱為菩薩（梵語：bodhisattva）。凡夫只要發願上求佛道、下化眾生，就是發心菩薩。當他發了這個心，就能和觀音菩薩的心相連。因為觀音菩薩是大悲心、無為心。這樣的發心菩薩念誦佛菩薩心咒或聖號，就容易有感應。相反，如沒有發願上求佛道、下化眾生，有自私心的人，就算一心念佛菩薩聖號，也是甚少得到感應的。這說明發心的重要。

三賢位的行者當修習成就十信、十住、十行、十迴向等資糧位[11]後，繼而登地成為十地[12]菩薩，就叫摩訶薩（梵語：mahasattva）。

---

11 十住十行十迴向為三賢，初地乃至十地為十聖。賢者發似解而伏惑之位。聖者發真智而斷惑之位。於此該收菩薩乘之因位。仁王經上曰：「三賢十聖忍中行，唯佛一人能盡原。」參見《佛學大辭典》，頁三五四。

12 指菩薩乘十地，即歡喜地、離垢地、發光地、焰慧地、極難勝地、現前地、遠行地、不動地、善慧地、法雲地。此十地是菩薩五十二位修行中的第五個十位，在此十地，漸開佛眼，成一切種智，已屬聖位。參見《佛學常見辭彙》，頁四五。

Maha 就是「大」，sattva 就是菩薩摩訶薩，其階位比普通菩薩更高。

從世尊的回答可見，發心必須大。行者要發上求佛道、下化眾生的菩薩摩訶薩心。

（一）三界：欲界、色界、無色界

所有一切眾生之類，若卵生、若胎生、若濕生、若化生；若有色、若無色；若有想、若無想，若非有想非無想，我皆令入無餘涅槃而滅度之。

所謂三界，即欲界、色界、無色界。生於三界的眾生，尚在迷途，仍流轉於生死輪迴苦海中。

《妙法蓮華經·譬喻品》有云：「三界無安，猶如火宅。眾苦充滿，甚可怖畏。常有生老病死憂患，如是等火，熾然不息。」佛陀把三界比喻為已陷火海的巨宅，然而眾人卻不知懼怕，甚至以苦為樂，沉醉於欲樂中，無有出期。

《法華經·化城喻品》又云：「能於三界獄，勉出諸眾生。」於此，三界被比喻為牢獄，三界中的眾生彷彿在囚犯人。《法華經》勉勵眾生應精進修行，力求解脫。

眾生隨着過去生所造之業力而受生於三界，亦因業力而受不同的苦樂果報。按其出生的方式可分為四類：胎生、濕生、卵生、化生。

生於欲界的眾生，貪淫熾盛，耽於欲樂，為淫、情、色、食欲所侵迫，隨其業力而輪迴投生於六道：天、人、阿修羅、畜生、餓鬼、地獄。欲界眾生若要超脫，就必須離欲。若有男女情欲，將永遠流轉於欲界中。

於欲界之上者為色界。色界眾生皆由化生，色界雖然比欲界為高，但色界眾生仍然有形狀，仍有四大（地、水、火、風）的身體。他們修十善及禪定，分別按其禪定深淺而住於初、二、三、四等禪天。就快樂程度而言，色界高於欲界千萬倍。色界眾生已離食欲和情

欲，故能享禪樂。眾生有情欲，隨之而來的就是苦果，所以出家人必須脫離情欲。在家居士因還有男女情欲，很難從禪定中開悟。

色界之上為無色界，分為空無邊處天、識無邊處天、無所有處天、非想非非想天。無色界眾生住於禪定之境，只有心識而無相狀，無四大所組成的物質障礙。

《金剛經》中所說的，所有一切眾生之類，若卵生乃至非想非非想天界，泛指三界中的十類眾生。何謂十類眾生？若從外相或從所緣境而論，共有卵生、胎生、濕生和化生四種。卵生是雀鳥家禽等；胎生是人、貓、狗和牛及其他畜牲等；濕生是在環境中之濕氣所滋生的，如蚊子、蛆蟲細菌等；化生即色界眾生，並無男女身之別，而是化生出來的。

若從眾生的心識而論，分別是有想、無想、非有想、非無想。欲界、色界、無色界都屬於有想，都有心識的。至於無想，在第四禪裏有個無想天，其眾生的第六識不動。

甚麼是第六識？我們有八識：眼識、耳識、鼻識、舌識、身識、意識、末那識、阿賴耶識（梵語：ālaya）。第六識就是意識，有意識，即有妄想。

非有想、非無想是指無色界最高的非想非非想天，其眾生又有想又無想。非有想，即是無粗顯之想。非無想，即還有微細的妄念。

世尊在第三分所解說的意思是，大菩薩應救助三界四生十類所有一切眾生，願意度脫他們，令入「無餘涅槃」。

（二）何謂涅槃？

涅槃（梵語：nirvāṇa）分別有「有餘涅槃」和「無餘涅槃」兩種。有餘涅槃（梵語：sopādhiśeṣa-nirvāṇa）就是已斷「見思惑」，尚餘根本無明未斷。無餘涅槃（梵語：nirupadhiśeṣa-nirvāṇa）就是已完全走入涅槃的境界，業識皆空，轉識成智，無明無餘剩矣，生滅滅已，寂滅現前。

以小乘的角度看，阿羅漢已經斷了見思惑，今生捨報身（死後），就不會再投胎了，這裏所指的是有餘涅槃。以大乘的角度來看，涅槃是指無餘涅槃。菩薩還繼續弘揚佛法，身體仍在，當他要入滅時，就生起三昧火自焚，身體就消失了，進入無餘涅槃，稱作「灰身滅智，報身無餘」。

如是滅度無量、無數、無邊眾生，

就是這樣，令所有善男子、善女人，發阿耨多羅三藐三菩提的菩薩心，如是滅度，令所有十類眾生離苦得樂。

（三）為何無眾生可度？

實無眾生得滅度者。何以故？須菩提，若菩薩有我相、人相、眾生相、壽者相，即非菩薩。

為何滅度眾生後，又沒有任何眾生可度呢？因為，若行者被時間的束縛和空間事物的牽纏，仍執着人、我對立，那麼他仍未得度，未徹底解空，未得般若智。如果菩薩滅度了眾生，仍然認為有眾生可度，那麼他就執着了「我相、人相、眾生相、壽者相」的妄想分別，不是真正的菩薩。雖然他發心是正的、真的，但卻沒到達圓滿的境界。

《金剛經》講的是圓頓大法，要理解這句經文，我們必須先探討「空性」和「生佛同體」這兩個重要的佛教義理。

```
┌─────────────────────────────────────────────────┐
│              實無眾生得滅度者                      │
│                                                   │
│  一、眾生性空故：眾生從緣起而有，凡緣起者皆無自性，當  │
│                 體即空，所以說「實無眾生得滅度者」。  │
│                                                   │
│  二、生佛同體故：眾生本來具有真如、具有實相，即是「在  │
│                 聖不增，在凡不減」。              │
│                 眾生雖流轉生死，一時地獄，一時人間，  │
│                 一時餓鬼，但其真如實相，並沒有減少一  │
│                 點，其本體是「如如不動」的。       │
│                 眾生的本體與諸佛的本體是一個體，佛度  │
│                 眾生，只是教他們降伏妄心之法，教他們  │
│                 斷惑證真。他們斷了煩惱，了脫生死，證  │
│                 得的涅槃，是本來具足的，不過尚未開顯  │
│                 而已，所以說「實無眾生得滅度者」。  │
└─────────────────────────────────────────────────┘
```

（四）無眾生可度：空性之理與四相否定

　　《心經》中最重要的一句經文是「照見五蘊皆空，度一切苦厄」。五蘊就是色、受、想、行、識。眾生是由五蘊和四大所組成。何謂四大？即地、水、火、風。這是指物質方面的色身，而受、想、行、識則屬精神方面的，是心的活動世界。宇宙無非二法，現象及精神，即色和心。我們是如何理解外界的一切所緣境？是用六根（眼、耳、鼻、舌、身、意）去攀緣六塵（色、聲、香、味、觸、法），從而產生六識（眼識、耳識、鼻識、舌識、身識、意識），得出感受，建立認知，進而發生行為。這就說明，我們的認知和行為是根、塵、識和合的產品，沒有根塵和合，便沒有我們所認知的身心世界。既然六根和六塵都是和合而有的，我們的身心世界，亦非實有。所以《心經》開宗明義地說：「照見五蘊皆空……無受、想、行、色，無眼、耳、鼻、舌、身、意，無色、聲、香、味、觸、法，無眼界，乃至無意識界。」

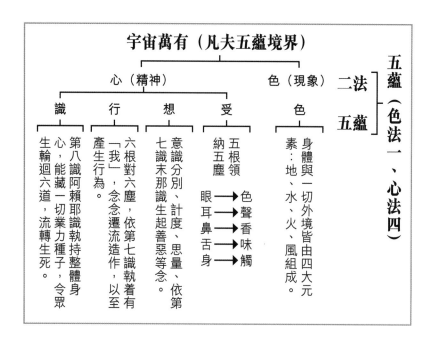

　　所謂「諸法因緣生，諸法因緣滅；我佛大沙門，常作如是說。」[13]緣聚則生，緣盡則散。同樣道理，眾生不過是身和心的和合體，是五蘊所組成。今天大家身體健康，思考敏捷、行動迅速，但一朝無常忽至，身體衰敗了，四大分離，五蘊不再起作用，所有一切擁有的健康、才智、財富地位，都會一一離你而去，不是實有的，都是「空」的（梵語：śūnyatā）。

　　為何曰「空」？因為第一，因緣和合而生，因緣分散而滅。第二，無常。《中論》第二十四品第十九頌說：「未曾有一法，不從因緣生；是故一切法，無不是空者。」萬事萬物皆因緣和合而生，這是「緣起性空」的法則。既然因緣和合則有，因緣不合則散，所以說其為「無自性」（梵語：nihsvabhāva）。即沒有其獨立、自存、主宰

13　指佛弟子馬星（馬勝）比丘為舍利弗所說之「諸法緣起頌」。又作法舍利、法頌舍利、法身舍利偈。大智度論卷十八（大二五・一九二中）：「佛於四諦中，或說一諦，或二或三，如馬星比丘為舍利弗說偈：『諸法從緣生，是法緣及盡；我師大聖王，是義如是說。』此偈但說三諦，當知道諦已在中，不相離故；譬如一人犯事，舉家受罪。」故知此偈乃說苦、集、滅三諦之偈頌。又以首句之「諸法從緣生」，故又稱緣生偈、緣起偈、緣起法頌。參見《佛光大辭典》，頁三三五四。

性，也無法自我創造。

舉例而言，你是由父精母血和其他種種因緣和合，以及過往生的業力而受生。換言之，你是因條件而生，而條件又是由無量因素所形成的，這些因素仍在不停變動中，試問這由萬千變化條件而生的你，又有何實體呢？

我「空」，故無我相，所以曰「無我」。既無我相，又何來有相對的人相、眾生相？

我相、人相、眾生相，這三相是就空間而言的；壽者相，是就時間而言的。《金剛經》有云：「過去心不可得，現在心不可得，未來心不可得。」過去的事已成歷史，未來的事還沒到來，而現在的事轉瞬即逝，馬上就成為過去。有人說要活在當下，但當下立刻就成為過去，也是抓不穩、捉不到的。所以，無論過去、未來和現在，三心都不可得，不值得我們眷戀執着，生起任何喜惡之心。既然幻生幻滅，又何有延續相？所以亦無壽者相（壽者，延續之義）。

分析下來，整個宇宙不過是時間和空間的和合體。既然空間裏無我、無人、無眾生，時間上亦無壽者，一切四相根本不生。所以無一法可得。

簡而言之，眾生從緣起而有，凡緣起者皆無自性，當體即空。由於眾生「性空」，所以實無眾生可滅度，亦無一眾生得度。

《金剛經》「四相否定」句子舉例
（以遮詮，即否定方式顯真理）

大乘正宗分第三：若菩薩有我相、人相、眾生相、壽者相，即非菩薩。

正信希有分第六：是諸眾生，無復我相、人相、眾生相、壽者相。無法相，亦無非法相。

無得無說分第七：不可取，不可說，非法，非非法。

離相寂滅分第十四：我相即是非相，人相、眾生相、壽者相，即是非相。

（五）無眾生可度——生佛同體

佛與一切眾生，形相別而體性同。意思是，兩者外相雖然不同，但其真如清淨之體性是相同的。《大方廣佛華嚴經‧如來出現品》云：「無一眾生，而不具有如來智慧，但以妄想顛倒執着，而不證得，若離妄想，一切智自然智無礙智，則得現前。」

這真如清淨之體，《金剛經》稱之為「諸法實相」；《涅槃經》稱為「佛性」；《圓覺經》稱作「總持」；《楞嚴經》名之為「常住真心」；《心經》名作「諸法空相」；《華嚴經》指為「法界」；《金光明經》號曰「如來」；《勝鬘經》號曰「如來藏」；《大乘起信論》曰「真如」；唯識說是「圓成實性」。

永明延壽禪師說：「一法千名，應緣立號，若悟一法，萬法圓通。」這「真如實體」有甚麼特性？《心經》指其為「不生不滅，不垢不淨，不增不減」。

我們在前一節中，亦有論及一切眾生自性清淨，本具真如，只是一刻不覺而墮「無明」。眾生雖然流轉生死，但真如實相沒有減少一分，其本體如如不動，沒有絲毫改變，其性本自空寂，無所從來亦無所從去。眾生與佛皆具如來藏，平等無異，在聖不增，在凡不減，湛然寂靜。既然體性相同，又何有眾生相？既然沒有眾生相，又何有眾生得度？

明鏡本來光潔，不過暫時蒙塵而已，只要把塵擦掉，鏡就會光潔如故。既然眾生和佛的體性本來光潔，又何來度眾生之說？值得注意的是，當佛陀回答須菩提所提出的問題：「善男子、善女人，發阿耨多羅三藐三菩提心，應云何住？云何降伏其心？」時，是先回答「應云何降伏其心？」而不是「應云何住？」為甚麼？理由是降伏了煩惱，去妄歸真，就自然可安住「菩提心」。

大家日常念誦的四宏誓願：「眾生無邊誓願度，煩惱無盡誓願斷，法門無量誓願學，佛道無上誓願成」，是以度眾為先。佛陀先把

善男子、善女子説成是已發菩提心，要廣度三界十類一切眾生的摩訶菩薩。這是從因地、從發心來説大菩薩，而不是從其是否已達菩薩果位而言。發心的大菩薩，不會執着有沒有滅度眾生，所以「是為無有一眾生實滅度者」。

讀者也許會問，前面剛説「萬法皆空」，現在卻説有一「真如實體」。究竟是「有」還是「空」呢？佛陀應機説法，對執有的人説空，對執空的人説妙有。空是從真常唯心系而論。其學説乃依《大般涅槃經》等大乘經典而立，以如來藏為常住真心，是為最根本心要。

菩薩必須由假入空，從這幻有、假名而立的娑婆世界，領悟空性。但之後又必須由空入假，重入娑婆世界，度脱一切眾生。度脱一切眾生而不會執着「我是菩薩，能度眾生；眾生是凡人，為我所度」的「能所」對立思惟。

（六）眾生煩惱的來源

六根、六塵、六識

若執着「我是菩薩，能度眾生」，則不單有「我執」，還有「法執」，所以菩薩摩訶薩滅度無量眾生，不會有我滅度眾生的想法，因為大菩薩已經沒有我法二執了。其實我法二執是一切煩惱的根源。在此，我想多講些關於「煩惱」這事。我們應如何降伏煩惱？

要探討這問題，先淺談佛教唯識學（梵語：Vijñānavāda）是如何解釋心識活動。我們先從六根、六塵、六識所組成的十八界説起。

六根：眼、耳、鼻、舌、身、意

六塵：色、聲、香、味、觸、法

六識：眼識、耳識、鼻識、舌識、身識、意識

十八界：六根、六塵、六識之合稱

六根	發	六識	感覺		六塵（所緣境）
依眼根 →		眼識 →	視覺 →	了別色 → 色	（如眼見美色起淫心；見可憐者起悲愍心）
依耳根 →		耳識 →	聽覺 →	了別聲 → 聲	（如耳聽讚頌起歡喜心；聽責罵起怒心）
依鼻根 →		鼻識 →	嗅覺 →	了別香 → 香	（如鼻聞香水生情欲；聞菜香生食欲）
依舌根 →		舌識 →	味覺 →	了別味 → 味	（如舌嚐鮮味生食欲；嚐苦臭而生厭惡）
依身根 →		身識 →	觸覺 →	了別觸 → 觸	（如手摸細滑而生愛；觸高溫而生警覺）
依意根 →		意識 →	知覺 →	了別法 → 法	（一切心內生起過去、現在、未來的思量計度，而生執着、攀緣等精神活動）

　　我們通過眼、耳、鼻、舌、身等前五根，不停地去攝取外境（六塵）的信息，繼而由意根不斷分析、判斷，形成意識（第六識），這就是所謂的根塵合而生識。簡言之，眼根看到色塵時產生眼識；耳根聽到聲塵時產生耳識；鼻根嗅到香塵時產生鼻識……餘此類推。同時，意根會無間斷地分辨顏色是否美麗，聲音是否悅耳，香氣是否醉人。如此一來，意識便會取相執相，戀棧美好或討厭醜惡的東西。所以，當六根攀緣六塵，產生六識後，我們就會妄念紛飛，就像猿猴攀樹幹一樣，心識隨着外境到處亂跑，見色起淫，隨愛生貪，隨憎起瞋，永無止息。

六根 發 六識	感覺	六塵（外境）	生 51 種心理作用	
依眼根 ⟶ 眼識	⟶ 視覺 ⟶	了別色 ⟶ 色	遍行心所	5
依耳根 ⟶ 耳識	⟶ 聽覺 ⟶	了別聲 ⟶ 聲	別境心所	5
依鼻根 ⟶ 鼻識	⟶ 嗅覺 ⟶	了別香 ⟶ 香	* 善心所	11
依舌根 ⟶ 舌識	⟶ 味覺 ⟶	了別味 ⟶ 味	** 煩惱心所	6
依身根 ⟶ 身識	⟶ 觸覺 ⟶	了別觸 ⟶ 觸	** 隨煩惱心所	20
依意根 ⟶ 意識	⟶ 知覺 ⟶	了別法 ⟶ 法	不定心所	4

* 善心所：
信、精進、慚、愧、無貪、無瞋、無痴、輕安、不放逸、行捨、不害
** 煩惱心所、隨煩惱心所：
根本煩惱：貪、瞋、痴、慢、疑、惡見
小隨煩惱：忿、恨、覆、惱、嫉、慳、誑、諂、害、憍
中隨煩惱：無慚、無愧
大隨煩惱：掉舉、惛沉、不信、懈怠、放逸、失念、散亂、不正知

　　心對境而了別，名為識。《成唯識論》曰：「識謂了別。」六塵就是所緣，六根就是所依，而六識就是能依。能緣所緣，形成所謂的所緣境。有了念頭思惟作意，由意念牽引而造身、口業，即所謂的「起現行」。意識隨即流入第七識，即末那識（又名我執識）。我們愈攀緣，便愈引發行為、感情和煩惱，我執便愈增長，而業報亦如影隨形。

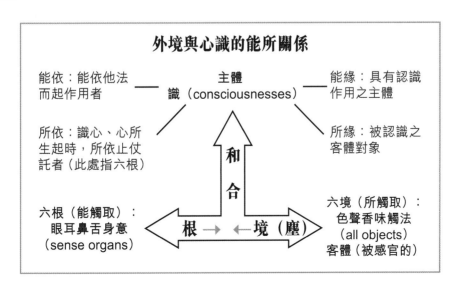

外境與心識的能所關係

能依：能依他法而起作用者 ── 主體 識（consciousnesses） ── 能緣：具有認識作用之主體

所依：識心、心所生起時，所依止仗託者（此處指六根）

所緣：被認識之客體對象

和合

根 ⟶ ⟵ 境（塵）

六根（能觸取）：眼耳鼻舌身意（sense organs）

六境（所觸取）：色聲香味觸法（all objects）客體（被感官的）

《八識規矩頌》關於末那識有一頌：「恆審思量我相隨，有情日夜鎮昏迷。四惑八大相應起，六轉呼為染淨依。」

末那識有恆審思量，並有我見、我愛、我慢、我痴等四種「根本惑」，以及掉舉、惛沉、不信、懈怠、放逸、失念、散亂、不正知等八大「隨煩惱」。末那識又會不斷影響和推動第六識去造一切業，所以說，前六識均以末那識為染淨依據。

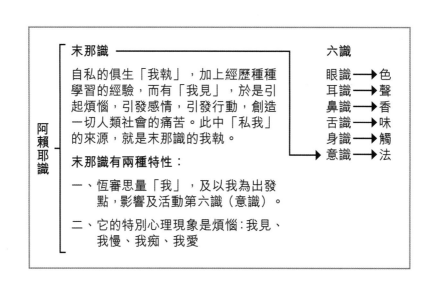

隨着我見、我執不斷牢固增長，我們會以此為實有，忘失真如本性，而這些種子最後會深植於第八識（又名「藏識」，即阿賴耶識），亦是投胎的識，隨着我們的業力生生世世流轉生死。

這六根、六塵、六識的運作，正好可比喻為一家公司。前五根就是我們的前台工作人員，包括接待員、營業員等。他們不斷與外界接觸，然後把資訊傳遞給後台的經理（第六識），由他們去分析，再傳給董事局（第七識）作決策，而公司的各種業務都紀錄在檔案（第八識）中，可供決策者不時翻出來查閱和參考。

佛家又稱六塵為六賊，正如《涅槃經》二十三所說：「六大賊者，即外六塵，菩薩摩訶薩觀此六塵如六大賊，何以故？能劫一切諸善法故。」修行人看待外境，猶如六大賊，因為只要六根和六塵裏應

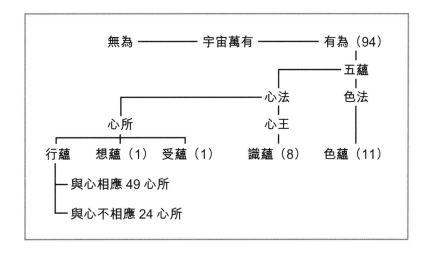

外合，我們的真如本性就會被迷惑。

五十一心所

　　彌勒菩薩[14] 在《瑜伽師地論》中，以唯識宗觀點略說了六百六十法。之後天親菩薩[15] 造《百法明門論》，將六百多法歸納為百法。

　　唯識宗認為宇宙萬法不外是「有為」和「無為」。有為法可分為色法和心法。色法有十一個，心王法有八識：眼識、耳識、鼻識、舌識、身識、意識、末那識、阿賴耶識。這就是所謂的「色蘊十一、識

14 彌勒，菩薩名，華譯為慈氏，現住在兜率天內院，是一生補處菩薩，將來當於住劫中的第十小劫，人壽減至八萬歲時，下生此界，繼釋迦牟尼佛之後，為賢劫之第五尊佛。參見《佛學常見辭彙》，頁三零六。

15 天親（梵名：Vasubandhu），音譯婆藪槃豆，又曰婆修槃陀。波藪譯曰世天，毘紐天之異名也。新作伐蘇畔度，又譯曰世親，以父母求世天親愛而名。或言為天帝之弟，故名天親。《婆藪槃豆傳》曰：「婆藪槃豆者，北天竺富婁沙富羅國（譯曰丈夫國）人，佛滅後九百年而出，兄弟三人，皆名婆藪槃豆，長兄別稱阿僧伽（譯曰無著），小弟別稱比鄰持跋婆（比鄰持母名，跋婆譯曰兒），中子獨以通名稱。初於阿踰闍國薩婆多部出家，研學小乘既通《大毘婆沙論》之義，為眾講之，一日作一偈，共作六百偈，稱為《俱舍論》。後用無著之示誨，懺悔小執之非，欲斷舌謝其罪。無著云：汝既以舌誹謗大乘，更以此舌讚大乘可也。於是造《唯識論》等諸大乘論，弘宣大教，壽八十，寂於阿踰闍國。」《付法藏傳·六》曰：「尊者闍夜多臨滅度時，告比丘婆修槃陀：無上妙法，今付囑汝，汝當至心護持。婆修盤陀受教，解一切之修多羅，廣化眾生。」《百論疏》曰：「婆藪云天親，天親者天帝之弟也。生於閻浮提而伏修羅，是割那利閻人，云丈夫國。原為小乘學，通五百部之小乘。兄阿僧伽是大乘人，見弟盛弘小乘而覆大道，特現病曰：汝罪過深重，我為之病。弟曰若爾則是舌之過，當斷舌。曰：不如更造大乘論而宣流大道。於是作五百部之大乘論，時人呼為千部論主。」《西域記·五》曰：「伐蘇畔度菩薩，唐言世親，舊曰婆藪槃豆。譯曰天親，誤也。」參見《佛學大辭典》，頁四七六。

蘊八」。八識中前五識是現量的，而意識是教我們如何計度、思量、如理作意的，所以意識的能力最強；因此我們所修行的並不是眼識、鼻識等，而是意識，即是要修心。

這八識就是心王，心所就是協助心王作惡或行善的臣子，亦是我們的煩惱賊。隨着八識心王而起的，有五十一個心所，分為受、想、行三大類。在五十一個心所中，有十一個善心所及二十六個煩惱心所。

《維摩詰經》問疾品第五云：「文殊師利言：居士，有疾菩薩云何調伏其心？維摩詰言：有疾菩薩應作是念：今我此病，皆從前世妄想顛倒諸煩惱生。無有實法，誰受病者？所以者何？四大合故，假名為身。四大無主，身亦無我。又此病起，皆由着我。是故於我不應生着。」有疾就是有煩惱、患病的意思。眾生之病，在於攀緣，從有攀緣，則有病本。攀緣就是對境生心。

《成唯識論》亦云：「如是所說一切我執，自心外蘊，或有或無；自心內蘊，一切皆有。是故我執，皆緣無常五取蘊相，妄執為我。」

五位百法圖

心法（8）：眼識、耳識、鼻識、舌識、身識、意識、末那識、阿賴耶識

心所有法（51）

- **遍　行**：觸、作意、受、想、思
- **別　境**：欲、勝解、念、定、慧
- **善**：信、精進、慚、愧、無貪、無瞋、無痴、輕安、不放逸、行捨、不害
- **煩　惱**：貪、瞋、痴、慢、疑、惡見
- **隨煩惱**：忿、恨、惱、覆、誑、諂、憍、害、嫉、慳、無慚、無愧、不信、懈怠、放逸、惛沉、掉舉、失念、散亂、不正知
- **不　定**：睡眠、惡作、尋、伺

色法（11）：眼、耳、鼻、舌、身、色、聲、香、味、觸、法處所攝色

不相應行法（24）：得、命根、眾同分、異生性、無想定、滅盡定、無想報、名身、句身、文身、生、住、老、無常、流轉、定異、相應、勢速、次第、時、方、數、和合性、不和合性

無為法（6）：虛空無為、擇滅無為、非擇滅無為、不動滅無為、想受滅無為、真如無為

人的意識可以為善為惡，所謂「一念天堂，一念地獄」。商人若能以誠信經營，可以致富，但若不擇手段，投機取巧，則可身敗名裂。如果用現代心理學來說，一個人起貪、瞋、痴、邪見、憍、諂、誑、無慚、無愧等情緒，過於執着，就容易患上抑鬱、沮喪、焦慮等症狀。而降伏這些煩惱，就是要注意自己的起心動念，要安住在菩提心中。

十二因緣

眾生如何流轉生死？《心經》也有簡述：「無無明，亦無無明盡，乃至無老死，亦無老死盡。」這裏說的就是十二因緣。十二因緣就是「無明」、「行」、「識」、「名色」、「六入」、「觸」、「受」、「愛」、「取」、「有」、「生」、「老死」。它是依「此有故彼有，此生故彼生，此無故彼無，此滅故彼滅」的規律而運行的，即無明緣行，行緣識，識緣名色，名色緣六入，六入緣觸，觸緣受，受緣愛，愛緣取，取緣有，有緣生，生緣老死。十二因緣描述了眾生是如何由一念無明至墮入生老病死的生命流轉中。《心經》的說法是，如能悟五蘊皆空，則這十二因緣的運轉亦空。所以。《心經》是在解釋如何觀空，如何轉識為智。

宋代性空妙普禪師詩云：「學道猶如守禁城，晝防六賊夜惺惺；將軍主帥能行令，不用干戈定太平。」禪師告誡行者，要日夜提防六賊侵犯，要以自己的心識為主帥，把世俗六塵的所緣境，改為清淨的所緣境。如一心念誦阿彌陀佛聖號或六字大明咒，又如靜坐時，眼觀鼻、鼻觀心、心觀丹田，一心參「念佛是誰」，都有清淨的所緣境。

只有觀空，去除藏在阿賴耶識中的雜染種子，明白阿賴耶識並不是我，達至無我，體認其圓成實性，才能轉識成智，從輪迴生死中解脫。

我們前面解釋了幾個問題，分別是：我的六根是怎樣活動的？如何受所緣境所影響？如何攀緣？我攀緣後會有甚麼煩惱？煩惱是如何產生的？

　　把這些問題一一釐清後，我們知道為何眾生是空的，而我亦是空的，這就是《金剛經》說：「若菩薩有我相、人相、眾生相、壽者相，即非菩薩。」我相是主體，人相是客體，主客均在空性中。宇宙萬法，人、我、時皆空，是清淨無染的。

第四節
妙行無住分第四

復次，須菩提！菩薩於法，應無所住，行於布施。所謂不住色布施，不住聲、香、味、觸、法布施。須菩提！菩薩應如是布施，不住於相，何以故？若菩薩不住相布施，其福德不可思量。

世尊繼續回答須菩提之前的提問。他說，菩薩如要降伏妄心，安住於菩提心，首先要做的就是布施。

（一）六度波羅蜜

六度波羅蜜（梵語：ṣaḍ-pāramitā）就是布施、持戒、忍辱、精進、禪定、般若，是六個修習菩薩乘的方法。布施是六波羅蜜之首。「波羅蜜」意譯為事究竟，能助行者由煩惱執迷的此岸到達開悟的彼岸。《瑜伽師地論》卷三十九云：「復次，菩薩次第圓滿六波羅蜜多已，能證無上正等菩提。謂施波羅蜜多、戒波羅蜜多、忍波羅蜜多、精進波羅蜜多、靜慮波羅蜜多、慧波羅蜜多。」

前文提及世尊回答須菩提的提問，善男子、善女人應如何降伏其心時，是以菩薩摩訶薩為主語，而不是善男子、善女人，原因是只要善男子、善女子發四宏誓願，趣求大乘努力修持六度波羅蜜，即為大菩薩摩訶薩所發的願。而六度萬行就是福慧雙修、圓滿具足的菩薩乘修行方法。誠如《大乘理趣六波羅蜜多經·序》所說：「六波羅蜜經者，眾法之津梁，度門之圓極也。」

最普遍的修福方法就是布施。修福可以攝慧，攝慧才能斷煩惱。

所以眾生欲斷煩惱，除了緊守六根門頭，不攀緣，不執着外，還得修福。

布施分為財施、法施、無畏施。財施即捐獻財物，度人脫難，又或支持興建醫院、學校、孤兒院等善事。法施就是以佛法施予別人，斷惑破迷，或勸勉別人行善。無畏施是令眾生免於恐懼，給予心靈上慰藉和鼓勵；而無畏施亦包括捨身救國的英勇行為。例如清末民初的秋瑾、譚嗣同、林覺民等為國捐軀的烈士，為了救萬民出水火而犧牲自己。

六度波羅蜜為甚麼以布施先行，而不是先排般若？因為布施是當中最容易修持的，漸次由易入難，把難度最高的般若列於最後，這是非常合乎邏輯的。修行先以培福為先，然後從福中攝慧。

財施可伏慳貪，法施可斷迷惑。在慈善活動中施予金錢，相比於佛法上的捐獻，後者的功德遠勝前者。因為捐金錢去興建醫院、學校、孤兒院，只是救濟眾生一期的生命，但若以法施來為人開智慧，那是救度永恆的慧命，讓他生生世世受益，這功德是無量的。

若論錢財布施，施者與受者都未必有智慧。若以佛法布施，非有智不能施，亦非有智不能受，因為法施能夠成就別人的智慧。若財施的受者只得到眼前小益，施小則所益者少，雙方不能夠跳出生死輪迴，受用有盡。法施令施與受者皆得無漏[16]的大福德。雙方可以了脫生死輪迴，受用無窮，法施大則所益者大，還可以燃佛明燈，續佛慧命。

所以，法施的功德最大。正如《金剛經》說，即使有人用能盛滿三千大千世界的七種寶物來布施，他所得的福德，還不如他受持《金剛經》中的四句偈，何況為他人宣說，功德更加殊勝。

位列於布施後面的，是難度更上一級的持戒。戒能止惡防非，目

---

16 Anasrava，漏者煩惱之異名，漏洩之義，貪瞋等之煩惱，日夜由眼耳等六根門漏洩流注而不止，謂之漏。又漏為漏落之義，煩惱能令人漏落於三惡道謂之漏。因之謂有煩惱之法云有漏，離煩惱之法云無漏。俱舍論二十曰：「諸境界中，流注相續，洩過不絕，故名為漏。」大乘義章五本曰：「流注不絕，其猶瘡漏，故名為漏。」法華文句一曰：「毘曇云：漏落生死。」參見《佛學大辭典》，頁二一八六。

的是破貪、瞋、痴。持戒又分為止持和作持兩種。止持是諸惡莫作，不做任何惡事，但這是消極的；而作持則是眾善奉行，積極地行善。戒有多種，除了不殺生、不偷盜、不邪淫、不妄語、不飲酒等五戒外，還有菩薩戒，出家比丘有二百五十戒，比丘尼有三百四十八戒。

　　排行第三的是忍辱。忍辱能對治瞋恚，斷除我執，修忍辱其實是相當困難的。有人會因為無法忍受別人的不禮貌對待，或無根據的指責而起瞋心，繼而生氣破口大罵，甚至打架殺人。為甚麼眾生未能修持忍辱呢？那是因為無明作祟，有我見、我愛、我慢、我痴，這完全是我執深重所致。「我執」從我見而來，當你有了自己的見解，就很難容納別人的意見。我愛令自尊心上升，必須堅決保護它。「我慢」令人自高自大，認為自己比別人優秀。「我痴」則指愚痴。

　　忍辱又分生忍、法忍、無生法忍[17]三種。生忍是安心順受痛苦侮辱。法忍是體認諸法空相而安住不動。再進一步，就是無生法忍，即是安住在不生不滅之覺性中而心不動。

　　列於第四位的是精進，就是不懈怠的意思。這是通於其他五度的，因每一度波羅蜜都必須要精進才能成功。那怎樣為之精進？

　　佛門有一個故事是講述精進的。《大智度論》第十六卷談及一隻雉鳥。有一天，山火蔓延整個森林，雉鳥飛到河邊，用自己的翅膀沾滿水，再飛回森林救火。如是者牠不停地往反，毫不懈怠，不以為苦。

　　帝釋看見後問：「你這是做甚麼？大火熊熊又豈是你小小的身軀所能撲滅？」

　　雉鳥答曰：「我不忍心看見這森林的許多眾生被活活燒死，我要救護牠們，而這片蒼鬱森林，也是我棲身之所，我尚有能力，當必奮不顧身地救火。」

17　無生法者，遠離生滅之真如實相理體也，真智安住於此理而不動，謂之無生法忍。於初地或七八九地所得之悟也。寶積經二十六曰：「無生法忍者，一切諸法無生無滅忍故。」註維摩經一曰：「肇曰：無生忍，同上不起法忍，法忍即慧性耳。見法無生，心智寂滅，堪受不退，故名無生法忍也。」智度論七十三曰：「無生忍者，乃至微細法不可得，何況大。是名無生。得此無生法，不作不起諸業行，是名得無生法忍。得無生法忍菩薩，是名阿鞞跋致。」參見《佛學大辭典》，頁二一五二。

帝釋又問：「你如此精進，以何為期？」

雉鳥説：「以死為期。」

雉鳥的精進感動了蒼天，淨居天神以其力，令大火熄滅。此後，森林回復清涼平靜。

這故事告訴我們，修行人的精進當如雉鳥，至死方休。

另一個關於精進的故事，是四明尊者法智大師撰寫《大悲心咒懺法》的因由。尊者因修行過於精進，以至吐血，後念念大悲神咒，得到觀世音菩薩救度而痊癒，亦因此增長大智慧而開悟。所以他撰寫《大悲懺法》，希望眾生都得到觀世音菩薩大悲加持。

這就是古德學佛勇猛精進的標準，修行至吐血方休，足令今人汗顏。我們做任何事都要精進勤奮才能成功，更何況學習佛法呢？

六度波羅蜜之五為禪定。修習止觀，可破散亂、惛沉、掉舉。坐禪能得定開慧，這功夫是否得力，見於行者在修前四度波羅蜜時的表現，之前的修行是禪定的前方便。

```
《解深密經》卷四於六波羅蜜外另設四波羅蜜

布施 ┐
持戒 ├─── 方便：以種種間接方法啓發眾生智慧
忍辱 ┘

精進 ←─── 願：常持願力心，並付諸實踐

禪定 ←─── 力：培養實踐善行、判別真偽的能力

般若 ←─── 智：能了知一切法的智慧
```

第六就是般若，代表修無上智慧，破二邊我執、法執。

若用三無漏學[18]來分類，則布施、持戒、忍辱屬於戒，禪定是定，般若是慧。精進則通於每一度。

根據《解深密經》卷四所言，在六度波羅蜜以外，另設四波羅蜜，而成十度波羅蜜。在布施、持戒、忍辱裏設一「方便波羅蜜」，以種種間接方法，開方便法門去啓發眾生的智慧，是為「方便波羅蜜」。

於精進波羅蜜裏設有「願波羅蜜」，即常持願力心，並付諸實踐，就是迴向。為何我們每天晚課要迴向？大家會念「願生西方淨土中，九品蓮華為父母，花開見佛悟無生，不退菩薩為伴侶。」迴向一切眾生離苦得樂，往生淨土。迴向的力量來自重複，當周而復始地發願，日積月累就得力量了。

在禪定裏再加一個「力波羅蜜」，此乃培養實踐善行、判別真偽的能力。在般若波羅蜜多另有一「智波羅蜜」，是能了知世間一切法，判別真或假，正或邪的智慧能力。

（二）三輪體空

應無所住，行於布施。所謂不住色布施，不住聲香味觸法布施。

所謂「不住色布施，不住聲香味觸法布施」，這是「三輪體空」的布施。沒有能施者，沒有受施者，也沒有所施之物，即所謂「施者空，受者空，施物空」。《金剛經》教人不住色、聲、香、味、觸、法布施，又名無相布施，即在布施時，無我相、無人相、無眾生相、無壽者相。我們前文已解釋過何謂無四相，只要行者明白人我本空，五蘊幻聚，就明白三輪體空的意義。無我相，即施者空；無人相，無

18　戒定慧之三學，在凡夫之身為有漏，在聖者之身為無漏。楞嚴經六曰：「攝心為戒，因戒生定，因定發慧，是則名為三無漏學。」參見《佛學大辭典》，頁三三三。

眾生相、無壽者相，即受者空；五蘊幻聚，即施物空。

若布施者執着是否為人所知，獲得讚揚，是否有實利，都是有所住的布施，又稱有漏布施，只能得人天福報。然而，能做到無相布施，是不容易的。在凡夫微細的念頭裏，布施後總希望得到回報，小則獲頒獎狀，大則要在佛像上鑄名，或加入受贈機構的董事局等。這樣的着相布施，仍然存有貪念。行善而能發心清淨，才是圓滿。

蕅益大師[19]在《金剛經破空論》中説：「以無所住法，住般若中，熾然修行六波羅蜜，而不取相，是故能令少施與虛空等。」所以，不但布施要「三輪體空」，其他五度萬行（持戒、忍辱、精進、禪定、般若）皆需無住，其功德方能等同於虛空之大。

佛教有一則關於功德的膾炙人口故事，就是收錄於《五燈會元》中梁武帝向達摩祖師問道的一節：

帝問曰：「朕即位已來，造寺寫經，度僧不可勝紀，有何功德？」

祖曰：「並無功德。」

帝曰：「何以無功德？」

祖曰：「此但人天小果，有漏之因，如影隨形，雖有非實。」

帝曰：「如何是真功德？」

祖曰：「淨智妙圓，體自空寂，如是功德，不以世求。」

帝又問：「如何是聖諦第一義？」

祖曰：「廓然無聖。」

帝曰：「對朕者誰？」

祖曰：「不識。」

為甚麼梁武帝一生造寺無數，卻了無功德？那是因為達摩祖師是從無相功德的角度去看這問題。因梁武帝是住相布施，並非「三輪體空」的布施。其所得的只是人天有漏福報，雖有好處，但不實有，故說實無功德。相反，無相布施所得的，是在法性中的真正功德，那是

19　名智旭，與永明、蓮池、憨山等為明末清初四大師。參見《佛學常見辭彙》，頁三零一。

無量無邊的。

有人問福德和功德的分別。功德（梵文：guṇa），那是指無相的，而有相的功德，就是過去現在一切善行的果報，是為福報。修福可得世間的幸福、富饒、長壽。因為修福能夠攝慧，修行人亦可通過修福，累積資糧，去成就出世間的果。行者開始時或會執着於福德，但始終會攝於慧，只是多走了冤枉路。所以，《楞嚴經》有言：「因地不真，果招迂曲。」

功德（guṇa）

一、有相功德：意義與福德同，即行善所獲之福報

二、無相功德：

梁武帝問：朕一生造寺度僧，布施齋戒。有何功德？

達摩言：實無功德。

六祖解曰：武帝住相布施，名為世間福德，真正功德在法性中。

三、真正功德（據《六祖壇經》）：

見性是功，平等是德。

不離自性是功，應用無染是德。

內心謙下是功，外行於禮是德。

《六祖大師法寶壇經》卷一，記載了有人請六祖惠能開示，關於梁武帝造寺齋僧而無功德的事：

六祖曰：「實無功德，勿疑先聖之言！武帝心邪，不知正法。造寺度僧，布施設齋，名為求福，不可將福便為功德。功德在法身中，不在修福。」六祖贊同達摩的說法，指梁武帝住相布施，故所得的只是福報，而非功德。無相布施的功德在於法性中，可助行者清淨真心。

```
        成佛
       出世間果
         ┬
      福因福果
  幸福、富饒、長壽等世間無量福報
         ┬
        福業

  布施、持戒、忍辱、精進、禪定、般若

  福德：過去、現在一切善行及善行的果
        報所成就的福業。
```

六祖又曰：「見性是功，平等是德；念念無滯，常見本性真實妙用，名為功德。」意思是平等一切的心見性，即廣度一切眾生，而無有一眾生實滅度者。

為甚麼？前文已解釋過生佛同體的道理，行者如能知平等，就是德，不離自性，就是功。時刻見自本性，識自本心，不離自性是功，應用無染是德，前者是體，後者是用。內心謙下是功，外行於禮是德。

無相布施，就是施者心中無所求，而這無漏布施，其功德亦無量；正如《金剛經》說：「若菩薩不住相布施，其福德不可思量。」若布施者能做到身心清淨，則能成就阿羅漢果。阿羅漢離苦得樂，再迴小向大，繼續修行，就可成佛。當一人成佛，將來就可度無量無邊的眾生。釋迦牟尼佛於二千六百年前成佛，試問他度了多少眾生，其功德是否無量無邊？

須菩提！於意云何？東方虛空可思量不？不也，世尊！須菩提！南西北方四維上下虛空可思量不？不也，世尊！須菩提！菩薩無住相布施，福德亦復如是不可思量。須菩提！菩薩但應如所教住。

　　世尊又問須菩提，東方的虛空你能量度有多大嗎？須菩提回答道，那是量度不到的。世尊又繼續問，那麼南方、西方、北方、上方、下方，能量度嗎？須菩提回答道，是無法量度的。

　　釋迦牟尼佛說，如果行者不住於相而布施，不住於色聲香味觸法而布施，功德不可思量。世尊用虛空來比喻不住相布施功德之大。

第五節
如理實見分第五

須菩提！於意云何？可以身相見如來不？不也，世尊！不可以身相得見如來。何以故？如來所說身相，即非身相。

世尊問須菩提，能否從「身相」上看到如來(清淨本性)呢？須菩提答道，不可以「身相」見如來，因為如來所說的「身相」，並非「身相」。

為甚麼呢？因為經中所說的見如來，是指如來的「法身」，而凡夫非但不能見佛的「法身」，就連「報身」都看不到，因為報身佛是八地以上的菩薩[20]才能得見。至於佛的「應化身」，也只有二千六百年前，佛在世時期的人才有福德因緣可見。佛陀以「色身」示現人間，是要教化當時的有緣眾生，而佛滅後，眾生再無這福緣得見。

世尊經歷劫以來福慧雙修，在無數因緣條件下，始能成就三十二相的莊嚴應身，到佛涅槃後，這三十二相亦不復存在。這是符合「諸法因緣生，諸法因緣滅」的法則。正如龍樹菩薩《中論》中最著名的偈頌說：「眾因緣生法，我說即是無，亦為是假名，亦是中道義。」

我們於本章第二節討論空性時，亦反覆解釋了，凡是因緣所生法，都是無常、短暫的、無自性、無主宰性、無獨立性的，當體即空的。

正如《圓覺經》說：「四大各離，今者妄身，當在何處。」我們的身體是地、水、火、風四大和合所組成，故此沒有主宰性、獨立性，當四大分離時，此身亦不再存在。「即知此身，畢竟無體，和合為

20　《瑜伽師地論》第七十九卷四頁云：「問：已入第八地菩薩、當言何相？答：當言於無加行無功用無相界作意，得任運故；無有動搖。於一切相，得自在故；住清淨地。」參見朱芾煌：《法相辭典》，頁零九六八。

相，實同幻化。」

　　如來所說的身相是因緣所生法，當體即空。所以，能否以身相見如來呢？答案是「不也」。

佛告須菩提，凡所有相，皆是虛妄。若見諸相非相，即見如來。

　　那麼，要怎樣才能見如來呢？這裏所說的「如來」是指行者的清淨自性。世尊告訴須菩提，一切相狀都是夢幻泡影、不真實的、短暫的。例如，我們最多只能活一百年，之後身體就會灰飛煙滅。如果行者能夠見一切相而明白那只是所緣境[21]，無須執着，並了知其為空，然後「都攝六根，淨念相繼」[22]，把不斷向外攀緣的眼耳鼻舌身意，都收攝回來，做到念念清淨，達至《心經》所說的「諸法空相」的境界，心態經常處於「不生不滅，不垢不淨，不增不減」之中。如果行者見相而不執着相，就能證得清淨自性了。

「可以身相見如來不？」

相 phenomenon（不斷變動）　　　性 noumenon（不生不滅）

> 問：可以從「相」上見「性」嗎？
>
> 經文：「不也，世尊！不可以身相得見如來。」
>
> 答：不可以。如果「着相」，即為相所障，遂生我相、人相、眾生相、壽者相，就不能見性。例如，着相而行布施，即着色、聲、香、味、觸、法，因而失去了清淨心，就不能見到本有的真如自性。

21　《三藏法數》謂心所緣色聲香味觸法六塵之境，其相顯現於外，是名所緣境相。
22　《楞嚴經》，《大正新修大藏經》，第十九冊，號九四五，頁三十四。

菩薩為了度眾生，雖然見相，但當度眾生後，知道實際上並沒有眾生被滅度，就是「三輪體空」：了知沒有能度之人，沒有所度之眾，不存在度眾生之相。這樣不執着於相，明白無我相、無人相、無眾生相、無壽者相，即可從相上見性。相反，如行者執着於度眾之相，就無法從相上見性。

所以說《金剛經》是能令人成佛的經典，它教我們如何離相、破執，滅除煩惱，清淨本心，證得無我，安住於無生法忍。

（一）三身四土

三身

如要深入明白這義理，必須了解佛教的三身四土義理。

所謂三身一如來，佛有三身（梵語：trikāya），分別為：「法身」（梵語：dharmakāya）、「報身」（梵語：saṃbhogakāya）和「應身」（梵語：nirmāṇakāya）。

《金光明最勝王經》云：「善男子，一切如來，有三種身。何為三？一者、化身；二者、應身；三者、法身。如是三身具足，攝受阿耨多羅三藐三菩提，若正了知，速出生死。⋯⋯前二種身，是假名身；此第三身，是真實有，為前二身，而作根本。」

據《宗鏡錄》卷八十九說：

一、「自性身」，謂諸如來，具無邊際真常功德，是一切法平等實性，即此自性，亦名法身，是名自性身。

二、「受用身」，受用身有二種。一者「自受用身」，謂諸如來修習無量福慧，所起無邊真實功德，恆自受用廣大法樂也。二者「他受用身」，謂諸如來由平等智，示現微妙淨功德身，居純淨土，為住十地諸菩薩眾現大神通，轉正法輪，令彼受用大乘法樂也。

三、「變化身」，謂諸如來以不思議神力，變現無量，隨類化身，居淨穢土。為未登地諸菩薩眾及二乘人等，稱其機宜，現通說法。令

其各得諸利樂事。是名變化身。[23]

「法身」又名「自性身」，為常住真實、平等理體之真如法性，有不來不去，無始無終，恆而不變，湛然常寂之義。所以，法身是遍法界的真如妙理。

「報身」又名「受用身」，是諸佛所修功德感報之圓滿色身，並分為「自受用身」和「他受用身」。

「自受用身」為佛因累世修行所得之圓滿無量功德，而受用之莊嚴法樂身，即實智身，為與大圓鏡智相應之無漏的第八識所變現，乃歷無數劫，積集無量福智，而自受用微妙之喜樂。此身有酬因所感之義，故亦稱「報身」。西方極樂淨土的阿彌陀佛及東方琉璃淨土的藥師佛所現之身，即是報身。

「他受用身」為佛之平等性智所示現之化他的微妙淨功德身。佛以大慈悲而應十地菩薩之根性，示現十重之相海，居於純淨佛土，現身說法，令諸菩薩受大乘之法樂。

「應化身」為如來度一切眾生修種種法，因修行力故，得自在而能隨應眾生示現的不同身相，所以此身是因應眾生所需而不斷變化的。

四土

每一尊佛都因其願力、福德智慧，而化現其國土，教化有緣眾生。佛經上雖說有佛土，但因佛度眾的願力廣大無邊，在意義上來說，佛土亦是無量無邊的。

天台宗智顗大師[24]立「凡聖同居土」、「方便有餘土」、「實報無礙土」、「常寂光淨土」之四土論說。

23　《宗鏡錄》，《大正新修大藏經》，第四十八冊，號二零一六，頁七三七。
24　天台大師智顗之德號，由晉王所賜。輔行一曰：幼名光道，亦名王道。此從初生端相立名，法名智顗，顗靜也。即出家後師為立號，從德為名，故用靜義。後授晉王菩薩戒品，因即為王立以法號云。大王紆尊聖禁，名曰總持。王曰：大師傳佛法燈，稱為智者。參見《佛學大辭典》，頁二二零二。

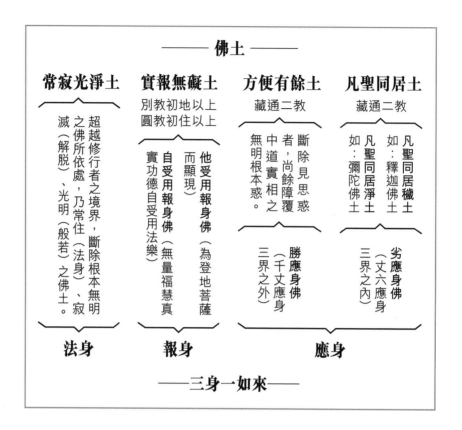

　　「凡聖同居土」又稱染淨同居土，是人、天二道眾生，與聲聞、緣覺二乘聖者同居之國土。其中分為淨、穢二土。 如我們現時居住的娑婆世界，就是凡聖同居的穢土。佛的丈六「劣應身」即生此土，而西方極樂世界則是凡聖同居的淨土。

　　「方便有餘土」是指阿羅漢（梵語：arahat）、辟支佛、地前菩薩之國土，因行者修方便道，斷除見惑、思惑，故稱方便，但尚餘障覆中道實相之無明根本惑，所以稱為有餘。行者如修到初果、二果乃至三果、四果，去除了大部份我相，即可往生此土。而同為丈六身相之佛的「勝應身」，亦可見於此土。

　　「實報無礙土」是指斷除無明，酬報真實之道的無礙自在國土，為菩薩所居，並無凡夫二乘。

　　「常寂光淨土」又稱理性土，是指全然斷除根本無明之成佛者所

居的國土，是常住（法身）、寂滅（解脫）、光明（般若）的佛土。

　　狹義而言，只有常寂光是淨土，極樂世界是凡聖同居中的淨土。若廣義而言，凡是有佛菩薩說法教化之地為淨土，則四土均可稱為淨土。

　　佛在世時，為了攝受眾生，顯示佛法的莊嚴殊勝，故示現三十二相、八十種隨形好的「應化身」。所謂三十二相（梵語：dvātriṃśan-mahā-puruṣa-lakṣaṇa，意譯為大丈夫相），為轉輪法王所具備的三十二種殊勝德相（如圖所示）。

佛：三十二相、八十隨形好

三十二相 **應化身所現**	（一）足安平相	（二）手指纖長相
	（三）手足柔軟相	（四）手過膝相
	（五）毛孔生青色相	（六）身金色相
	（七）常光一尋相	（八）皮膚細滑相
	（九）齒白齊密相	（十）廣長舌相
	（十一）梵音深遠相……	
	（三十一）眉間白毫相	（三十二）肉髻相
八十隨形好	（一）無見頂	（二）鼻不現孔
	（三）眉如初月	（四）耳輪垂埵……
	（八十）手足及胸臆前，俱有吉祥喜旋德相（即卍字）	

佛的三十二相

- 眉間白毫，右旋可達一丈五尺
- 兩頰隆滿
- 40顆牙齒
- 牙齒齊等、密接
- 牙齒鮮白、光潔、銳利如鋒
- 所吃的食物都是最好的味道
- 舌頭薄軟廣長，可蓋住臉面
- 洪聲圓滿微妙
- 雙臂修直，安然垂膝
- 手指和腳趾圓滿纖細而修長
- 手指和腳趾間有網縵如蹼
- 手和腳極為柔軟，顏色赤紅
- 足下平坦，地與足之間緊密相接
- 足下顯現千輻輪寶
- 足跟圓滿寬平
- 足背柔軟高隆，行步時出現印文

- 全身毛髮從頭到腳，都朝上右旋，呈紺青色
- 頂上的肉隆起如髻
- 眼睛如青蓮花般的紺青色
- 眼睫毛整齊不亂
- 身長與雙手平展，縱廣相等
- 二手、二肩、脖子等七處體肉都圓滿、光明、柔軟
- 腋下的體肉隆滿，沒有凹處
- 兩肩圓滿
- 全身都是真金色
- 全身四周照着一丈的光輝
- 全身皮膚細薄潤澤，塵垢不染
- 上半身廣大，猶如獅子
- 身體廣大、端直
- 全身每一毛孔必生一毛，為青琉璃色，都發出香氣
- 男根隱藏而不現
- 小腿肚纖細圓潤

佛經記載，世尊是要經過累劫精進修行，圓滿所有善行，始能成就這不可思議的三十二相、八十種隨形好。然而《金剛經》卻說：「須菩提！於意云何？可以三十二相見如來不？不也。世尊！不可以三十二相得見如來。何以故？如來說三十二相，即是非相，是名三十二相。」又說：「凡所有相，皆是虛妄。若見諸相非相，即見如來。」「何以故？如來所說身相，即非身相。」

大家還記得多聞第一的阿難尊者嗎？他就是因為嚮往世尊的法相莊嚴，而決心出家的，但亦是由於這對外相的執着，而有後來受摩登伽女蠱惑之事。

這故事教人不可執外相，更不可執之而信佛。可惜，俗世就有很多人因執着種種色聲香味觸法而信佛的：有人仰慕佛莊嚴法相；有人因讚嘆寺廟雄偉；有人攝受於法身大士神通；也有人因欣賞梵唄的鏗鏘悅耳而入佛門。《金剛經》告訴我們，不可執着外相而見如來，「若以色見我，以音聲求我，是人行邪道，不能見如來。」

（二）性相之別

性與相

性：本體，本來俱足，不可觸見，不變而絕對真實之本體，性體空寂，無相無不相。《大智度論》：不待其他因緣，無始以來法爾本俱稱為性。

性有總別之異：總性（無常、苦、空、無我、不生不滅）
別性（火為熱性、水為濕性、心為識性）

相：現象差別變化的相狀，六根所感受，感官所經驗者。

性、相有異：性為相體，如：燈泡為相，電源為性；虛空為性，萬物為相；國旗為相，民族主義為性。

性、相不異：相即性之表現，性即相之根本，性相從來不離，同而異名，如：浪即是水，水即是浪。如有根本而不表現，即有體無用，故佛不住涅槃，因眾生執相，若佛不表現此相，不能度他。

　　《金剛經》在這裏指出，不可以「身相」見如來。「身相」是指外相，那是不斷變化的。《金剛經》所說的「如來」，是指其「體性」。體性是不生不滅的，是無為法。行者一旦執着於相，就會為相所障，去分辨人、我、眾生、壽者，不能從「相」上見「性」。

　　「性」是指本體，即是人人本來俱足的清淨本性，就是「本覺」。其沒有形相，不可觸見，永恆不變、絕對真實的。按唯識系的說法，人有一個「如來藏」。儘管歷劫投胎，不斷地轉換身體，但真如本性是不變的。這本體是「性體空寂無相無不相」。意思是，不能說是有相，卻又可容納一切相。就像虛空是無相的，但虛空是沒有一樣東西不能容納的，因為無相才能夠立一切相，所以是有體性存在。

　　何謂「相」呢？現象變化的相狀，六根所感受的感覺和經驗，都是「相」。

　　《大智度論》卷三十一說：「一切法有二種相，總相、別相是二相空，故名為相空……總相者，如無常等；別相者，諸法雖皆無常，而各有別相。如地為堅相，火為熱相。」

　　又說：「總性者，無常、苦、空、無我，無生無滅、無來無去、無入無出等。別性者，如火，熱性；水，濕性；心為識性。如人喜作諸惡，故名為惡性；好集善事，故名為善性。」

　　世間萬事萬物都有其總相和別相。例如，無常就是總相，意思是世間無一物事不是隨日月遷移而有所變化的。這是真正的實相，不待其他因緣，無始以來法爾如此。除了總相外，因事物之性能各自不同，都有其獨特的性質，例如，火有熱性，水有濕性，木有堅性。這就是別相。

　　凡事物有其「體」、「相」、「用」三大功能。性為相體，性相有異，相狀和用是可看見的。比喻虛空是「性」，而虛空中的一切萬物就是「相」，性和相是不一樣的。國旗為「相」，國旗所代表的民族精神、愛國情操是「性」。又例如電源為性，燈泡為相，其用在於發光，但電的性能是看不到的。以金器為喻，金是性體，器即是用，可有不同的相狀，如金釵、金耳環、金手鐲等，形狀不同，作用各異。

「性」和「相」是不同的，但是又不能夠說「性」和「相」是各異的。何解？因為「相」即是「性」的表現，「性」是從「相」表現出來的。

例如沒有國旗和國歌這外相，很難表現愛國情操那深層意義；電燈和電源是不同的，如沒有燈泡(相)，又怎能表現電的性能？所以，性不離相，相不離性，「性」「相」不異。正如《心經》所說的：「色不異空，空不異色，色即是空，空即是色。」

「相」不異「性」，即是「色不異空」；「性」不異相，即是「空不異色」；「性」即是「相」，即「空即是色」；「相」即是「性」，即「色即是空」。

「性」的本覺有無量作用，能令人了生脫死，永離六道輪迴。眾生執着了「相」，就無法顯現清淨的本性。佛以一大事因緣，而出現於世，這就是要告訴眾生，要解決生死大事。除了不能執着於物質外，還必須要找回自己的清淨自性。當行者知道有「本覺」，開始修行而有證「始覺」，到最後找到自性中的清淨時，就能擺脫一切煩惱，達到「究竟覺」。

一切諸相，因緣和合而生，因緣分散而滅，其自性空寂。可是，眾生執於相而昧於性。永嘉大師在《證道歌》說：「不求真，不斷妄，了知二法空無相。無相無空無不空，即是如來真實相。」大家可思考一下，「性」和「相」兩者皆是無相的、空的，都是因緣所生法，無相無空無不空，即是如來真實相。

（三）無相而不相──有、空、空空

佛家觀察宇宙萬物，得出「緣起性空」的觀點，並以此認為諸法皆空。萬物緣聚則生，緣盡則滅，依他故有，此滅故彼滅，所以是無自性[25]（梵語：asvabhāvatā）的，即沒有自己獨立、真實存在的「本體」。

25　謂諸法為因緣生，無一定之自性也。《唯識論・九》曰：「一切法皆無自性。」參見《佛學大辭典》，頁二一五四。

在「器世間」[26] 種種而言,其中一個特點是無常、遷流變化,所以是性空的。另一特點是依循因果律。既然如是因,如是果的緣聚緣散,大家若要成就一事,便必須積極創造因緣,這道理是很合乎科學邏輯的。例如,你要往生淨土,就必須勤念阿彌陀佛聖號,信、願、行具足,念至一心不亂,求生西方。如你要上大學,便必須努力讀書。當然,因果之間還有很多「條件」(conditions),而這些條件就是緣。作了某事的因,遇上因緣成熟時,果報就會現前。正如《大寶積經》[27] 卷五十七云:「假使百千劫,所造業不亡;因緣會遇時,果報還自受。」又如唐朝元真禪師[28] 所言:「行藏虛實自家知,禍福因由更問誰,善惡到頭終有報,只爭來早與來遲,平時檢點平生事,靜坐思量日所為。」[29] 一般人所說的「舉頭三尺有神明」,其實就是因果律。

前文一直說的「無相」,就是不執着我相、人相、眾生相、壽者相,亦是「空性」理。只是這樣認識「空」還不夠的,我們連這「空」的意念也要去掉,即是「無空」。但是,我們連「非空」也要空掉,即連「空空」也要去掉,即「無不空」,直至徹底清淨。

簡言之,重點有三:空、非空、非非空。比喻而言,我們穿着一件有相的衣服,但自性清淨,根本就不需要衣服。「有」衣時則要空「有」,即觀空;之後,連「空」了那衣服的概念,也要空掉;再之後,連那空觀的概念都要空掉,即是三空,逐片逐片空掉,直至完全清淨無染。

有人問,佛法教人自度度他,普度眾生,但這已是執着佛法了。但其實佛陀並不是要你執着佛法,而是教你最後連佛法也要空掉。

---

26 一切眾生可住居之國土世界,謂之器世間。對於眾生世間或有情世間之語。《俱舍論・十一》曰:「如是已說有情世間,器世間今當說。」《楞嚴經・四》曰:「無始眾生世界,生纏縛故。於器世間,不能超越。」參見《佛學大辭典》,頁二六七七。

27 有四十九會七十七品,前後諸師譯一會或譯數會而別行之。唐菩提流志新譯三十六會三十九卷,取舊來諸師所譯二十三會八十一卷合之,以四十九會一百二十卷為全本。寶積者法寶之集積也,為大乘深妙之法,故目之為寶,無量法門攝在此中故謂之積。《寶積經論・一》曰:「大乘法寶中,一切諸法差別義攝取故。所有大乘法中諸法差別者,彼盡攝取義故名曰寶積。」參見《佛學大辭典》,頁 四三一。《大正藏》第十一冊,號三一〇。

28 洪州上藍令超禪師,初住瑞州上藍山,唱夾山之道,學侶俱會。後於洪井創禪苑,還以上藍為名,化道益盛。至唐大順正月初,告眾曰:「吾本約住此十年,今化事既畢,當即行矣。」齋畢聲鐘,端坐長往。諡元真禪師。參見《五燈會元》,頁二二三。

29 〔清〕雍正御製《悅心集》。

第六節
正信希有分第六

須菩提白佛言：「世尊！頗有眾生，得聞如是言說章句，生實信不？」

解空第一的須菩提有點擔心，於是向世尊請教：未來世的眾生聽聞以上義理，會明白嗎？會生起堅定信心嗎？

佛告須菩提，莫作是說！如來滅後，後五百歲，有持戒修福者，於此章句，能生信心，以此為實。

世尊告訴須菩提，不要輕視未來世的眾生，別阻礙別人萌生善念。不一定要上根利器的佛子才能理解這甚深義理。佛子只要願意學習，持戒修福，就能漸漸生起智慧，並對佛法生起信心。

為甚麼持戒修福的眾生，就能生信呢？

因為持戒者可以少欲知足，由戒生定，由定發慧。持戒方能攝心作觀，作觀方能生般若，修般若者能離相。修福者必深信因果，可以生善攝慧。貪欲者不能修證般若。

（一）法之盛衰

為何是五百歲？那是指佛陀的應身因緣盡了、進入涅槃後的五百年。

世尊的法運有一萬二千年：正法一千年，像法一千年，末法一萬

年。[30] 之後佛法就會在世間消失。

唐代良賁法師[31] 所造的《仁王護國般若波羅蜜多經疏》說：「有教有行，有得果證，名為正法。有教有行，而無果證，名為像法。唯有其教，無行無證，名為末法。」

正法時期，即二千六百年前佛在世時，正值佛教興盛期，行者有法教、有修行、有證道。關於正像末之三時，一說：「又謂正像末之三時。佛滅後，正法行時為正法，正法後，似法行時為像法，像法之法漸滅時為末法。此三時之年限，經說不同。」[32]

以佛滅後的五個五百年為分期（「五五百年」[33]），佛滅後的首一千年內，為正法時期。其最初五百年，稱為「解脫堅固」，在這五百年中，有很多上根利器的修行人成為聖者，得到解脫，證初果、二果、三果、四果（阿羅漢）。其後的五百年，稱為「禪定堅固」。在後五百年中，仍然有僧侶弘揚正法，寺院香火鼎盛，佛子孜孜不倦地修行，雖然仍有很多修行人，修習禪定止觀，但能夠即身成佛或證阿羅漢果的人減少了。

佛滅道後第二個千年，為像法時期。這時期的最初五百年，稱為「多聞堅固」，其時禪定的人少了，研習佛法的人增加了。再往後的五百年，稱為「塔寺堅固」。其時已沒有太多人學習佛法，但斥資建廟的人卻多了。廟宇蓋得莊嚴，但真正修行的僧人卻不多。在這像法

30　凡一佛出世則以其佛為本，立正法、像法、末法之三時。然諸經皆說正像之二時，大悲經獨說正像末三時。又如《雜阿含》、《俱舍論》，唯說正法之一時。一正法，正者證也，佛雖去世而法儀未改，有教有行，有正得證果者，是為正法時。二像法，像者似也，訛替也，道化漸訛替，而真正之法儀行儀不行，隨而無證果者，但有教有行，而像似之佛法行，此時謂之像法時。三末法，末者微也，轉為微末，但有教而無行，無證果時，是為末法時。嘉祥《法華義疏·五》曰：「佛雖去世法儀未改，謂正法時。佛去世久，道化訛替，謂像法時。轉復微末，謂末法時。」《法華玄贊·五》曰：「若佛正法，教行證三，皆具足有。若佛像法，唯有教行，無證果者。若佛末法，唯有教在，行證並無。」青龍《仁王經疏·三下》曰：「有教有行，有得果證，名為正法。有教有行，而無果證，名為像法。唯有其教，無行無證，名為末法。」《三大部補注·七》曰：「正者證也，像者似也，末者微也。」又《俱舍論·二十九》以教證為正法之體，明住於正法之世，為一千歲。教法者經律論之三藏也，證法者三乘之菩提分法也（與前言果異），若有人於其教法誦持及正說者，為住於教法世。若有人行其菩提分法者，為住於證法世。故隨此三人住世之時量，可知住於正法世之時量。聖教中總言為唯千歲住（證法唯千年住，教法之住時，復過於此，即像法也）。頌曰：「佛正法有二：謂教證為體，有持說行者，此便住世間。」參見《佛學大辭典》，頁八二八。

31　唐京師安國寺良賁助不空新譯《仁王經》，且奉代宗敕作疏三卷。以所住之寺名疏，謂之青龍疏。《宋高僧傳·五》有傳，《希麟音義·七》曰：「良賁下彼義反，案良賁者即助譯仁王經沙門名也。」參見《佛學大辭典》，頁一一二五。

32　參見《佛學大辭典》「正像末」條。

33　參見《佛學大辭典》「五五百年」條。

佛法盛衰時期

正法：佛滅後一千年（教、行、證）━━┌ 初五百年：解脫堅固
　　　　　　　　　　　　　　　　　└ 次五百年：禪定堅固

像法：再後一千年（教、行）━━━━┌ 初五百年：多聞堅固
　　　　　　　　　　　　　　　　└ 次五百年：塔寺堅固

末法：再後一萬年（教）━━━━━━┌ 初五百年：鬥諍堅固
　　　　　　　　　　　　　　　　└ 現在……

如來涅槃後，正法時代、像法時代、末法時代乃至到了如來法
運一萬二千年之中，最後五百歲，也就是一萬年的最後五百歲，
還有「持戒修福」的眾生，對於這章句，能生信心，以此為實。

時期的一千年中，雖有高僧大德講經說法，也有佛經的流傳，但佛子的根器已大不如前，很多都無修無證。

　　佛滅二千年後，開始為末法時期，在這期間中，佛法會歷經多番興衰。在起初的五百年（佛滅後第五個五百年）稱為「鬥諍堅固」。正好應了《楞嚴經》所說的：「末法時代，邪師說法，如恆河沙。」佛門內外都在互相爭鬥，這亦正是我們身處的年代。在這末法時期的一萬年後，佛法就會在世上徹底消失。

　　我們應明白，即使佛法亦會經歷興衰。世間萬事萬物，都有生住異滅；氣候有春、夏、秋、冬；人有生、老、病、死；事物有成、住、壞、空，沒有一樁物事不會由盛轉衰（反之亦然），都是在分秒地變化。當中包括人與人之間的關係：父子、夫妻、兄弟姊妹、朋友，都是由四緣[34]（梵語：catvārah pratyayāh）而來，無非報恩、報怨、償債、還債，而每一個緣都在不斷變化。

34　因緣、等無間緣、所緣緣、增上緣。因緣是種子與現行，相薰習義，為生果的原因；等無間緣是前念與後念，必須次第相續而起，體用齊等，而無間斷；所緣緣之上緣字是攀緣之義，心識為能緣，境界為所緣，心心所法，仗境方生，即見相二分，俱起為緣；增上緣是謂於此法，增強其力用，使其得生。在這四緣中，色法的生起但須因緣及增上緣，心法的生起，則須四緣具足。參見《佛學常見辭彙》，頁一三五。

當知是人，不於一佛、二佛、三四五佛而種善根，已於無量千萬佛所種諸善根。聞是章句，乃至一念生淨信者。

持戒修福的人，善根深厚，不止是在一、兩尊佛，乃至三、四、五尊佛出現世間時已種善根，而是在無量佛在世時，很久以前已培植佛種子。這些持戒修福的佛子，只要有一念生起淨信，就會與佛的清淨心相應。

須知我們日常修行，不是行住坐臥每一刻都能持守清淨，我們不時會有妄念，有貪、瞋、痴等煩惱心，心有妄念，自然就不清淨了。

須菩提，如來悉知悉見。是諸眾生。得如是無量福德。

如來的清淨心，會完全知道這些與佛相應的眾生是清淨的，可得無量福德。

何以故？是諸眾生，無復我相人相眾生相壽者相。無法相。亦無非法相。

為甚麼呢？在這些眾生的清淨心中，已沒了我相、人相、眾生相、壽者相，沒有法相，也沒有非法相。

關於四相否定之說，請參考第二章（第 57 頁）。

何以故？是諸眾生，若心取相，即為着我人眾生壽者。若取法相，即着我人眾生壽者。何以故？若取非法相，即着我人眾生壽者。是故不應取法，不應取非法。

為甚麼呢？執有的眾生心着於相，以假為真，認為實有，故此起了人我相眾生相，自然爭鬥不絕，貪、瞋、痴等煩惱亦延綿不絕。執空的眾生，雖然明白空性，知道無我人眾生壽者等相，亦是仍然執着

空，有可能墮入斷滅[35]空亡等邪見邊見，造成更大的惡業。故此，《首楞嚴義疏注經》告誡曰：「寧起有見如須彌山，不起無見如芥子許。」所以，執有是執，執空也是執，而且，執空所造的惡業更大。

　　世尊在這裏告訴須菩提，最終要連這法相也要空掉，也不能執着。正如阿羅漢相信有一法可令其了生脫死，則還是執着於法，因而未能達至徹底的本覺清淨。若只知空，則仍然在門外，仍然未入佛知見。《金剛經》這裏所說的無法相，就是教人應把這個法也空掉。所以讀懂了《金剛經》，就明白如何從執有到認識空性，然後連這空性也要空掉，就是空空。可是，這樣還是未究竟。空空者，還是有法。世尊說，我們要連這無法的法也要捨棄，無非法相，即無無法相。

（二）法尚應捨，何況非法

以是義故，如來常說，汝等比丘，知我說法，如筏喻者，法尚應捨，何況非法。

　　世尊說，比丘們應明白我的教法，離相、無相、不住相這法門，就如行者靠木筏渡河，當到了河邊，便必須捨棄木筏，才能上岸。如不捨棄木筏，繼續抓緊它，又如何上岸呢？釋迦牟尼佛於進入涅槃前，以正法眼藏付其弟子摩訶迦葉一偈曰：「法本法無法，無法法亦法；今付無法時，法法何曾法？」[36]其深意亦在此。所以，最後連佛法也要拋卻，更何況是非法呢？

35　諸法因果各別，故非為常，因果相續，故非為斷，撥無此因果相續之理，謂之斷滅之見。即斷見也。屬於邪見中之極惡者。參見《佛學大辭典》，頁二八三三。

36　《佛祖心燈》第一卷，《卍新纂大日本續藏經》第八十八冊，號一六六六。

第七節
無得無說分第七

須菩提！於意云何？如來得阿耨多羅三藐三菩提耶？如來有所說法耶？

佛問須菩提，你的理解如何？如來是否證得無上正等正覺？如來有否宣講佛法？

須菩提言：如我解佛所說義，無有定法名阿耨多羅三藐三菩提，亦無有定法如來可說。

須菩提回答世尊道：以我所理解世尊所說的義理，是沒有定法名為無上正等正覺，而世尊亦沒有說過定法。

佛因應眾生的根器而說法，即應機說法。所說之方便法，都是標月之指，故此無有定法，如有定法，就是有常。正如永明延壽禪師[37]於《唯心訣》所說：「一法千名，應緣立號……若悟一法，萬法圓通。」[38]《楞嚴經》說常住真心；《勝鬘經》說如來藏；唯識學說圓成實性；《大乘起信論》說真如；《心經》說空性；《金剛經》說無相。唯是假名，沒有一個定法，為何執着名字呢？

所以如有人以為有一定法名為「阿耨多羅三藐三菩提」，就已經在妄想中，已經着相。

---

37 杭州慧日山永明寺智覺禪師，名延壽。參天台韶國師而悟玄旨。吳越忠懿王錢俶，深歸於師。遷於永明大道場。眾盈三千。宋太祖開寶八年，年七十二而寂。著《宗鏡錄》百卷、《萬善同歸集》六卷。師嗣天台韶國師，韶嗣法眼益禪師。見《五燈會元‧十》、《佛祖統紀‧二十六》、《佛祖通載‧二十六》、《稽古略‧三》。參見《佛學大辭典》，「延壽」條。
38 《大正新修大藏經》，第四十八冊，號二零一八，頁一。

（一）非法、非非法

何以故？如來所說法，皆不可取、不可說；非法、非非法。

問：如來有所說法否？

答：如來無所說。

經文：如來所說法，皆不可取、不可說；非法、非非法。

不可取：無定名，亦無定法，是究竟覺。此覺無念，離心意識，
　　　　故不可取。

不可說：般若離言說相，言語道斷，故不可說。

非　法：若執阿耨多羅三藐三菩提是為真有其法，就是執法，
　　　　是錯了，故云非法。

非非法：若執着為沒有阿耨多羅三藐三菩提，那又錯了，故
　　　　云非非法。

為何無有定法？為何如來所說法，皆不可取？

上文已談及如來並無說名為無上正等正覺的定法。為何無所說？因為如來所說法，就是教人破執，如來所說法無定名，亦無定法，是究竟覺。如來所說的覺，是無念的。離一切妄念，離心意識，所以不可取、不可說。既然連念頭、意識也要離，更無文字言詮了。所謂「言語道斷，心行處滅」，正是此意。因為法是離言說相，已超越了我們的妄想範圍，文字也是假概念而立，既然連念頭都沒有了，又何來有文字？

為何是非法？前文以無相布施去講解三輪體空之理。同樣的道理，菩薩發阿耨多羅三藐三菩提心，要滅度一切眾生，但最後是要知實無一眾生得滅度者，這才是真正的發心。若始終執着阿耨多羅三藐三菩提，即不是觀一切法空，仍有法執，便是執着那木筏，未能到達彼岸，則是未能證得無上正等正覺，故云非法。

為何是非非法？非法，因為法是空的；非非法，空法也是空的，執着無法也不行的。也許從理論上去解釋，大家會覺得艱澀難懂。若我們引述禪宗一公案，可能有助理解。

《六祖壇經·機緣品》中記述了南嶽懷讓禪師囑師父指示往曹溪參訪六祖惠能時，與六祖的一番對機鋒語，正好觸及「說似一物即不中」這道埋。

懷讓禪師，金州杜氏子也。初謁嵩山安國師，安發之曹溪參叩。讓至，禮拜。師曰：「甚處來？」曰：「嵩山。」師曰：「甚麼物恁麼來？」曰：「說似一物即不中。」師曰：「還可修證否？」曰：「修證即不無，污染即不得。」師曰：「只此不污染，諸佛之所護念，汝既如是，吾亦如是。西天般若多羅讖汝足下出一馬駒，踏殺天下人，應在汝心，不須速說！」讓豁然契會，遂執侍左右一十五載，日臻玄奧。後往南嶽，大闡禪宗，敕諡大慧禪師。

懷讓禪師的證境，正是如他所說的「說似一物即不中」。試問文字又怎能描述其所感受到的風光？正是一說即錯。是誰在修行？有能修之人、所修之法嗎？有修行這回事嗎？一旦起心動念去修，就是有為法，就是執着。

正如《四十二章經註》所說：「吾法念無念念，行無行行，言無言言，修無修修……言語道斷，非物所拘，言思路絕。分別意窮。差之毫釐，失之須臾。」

佛法教人修行，只是方便說。因為既然眾生皆具如來智慧德相，既然本來清淨無染，又何需去修？正如六祖惠能的偈頌說：「菩提本無樹，明鏡亦非臺，本來無一物，何處惹塵埃？」那麼，我們是否就不需修行呢？佛子還是要像神秀大師所說的：「身是菩提樹，心是明鏡臺，時時勤擦拭，不使惹塵埃。」我們要從基礎起修，勤修戒定慧、四念處、六度波羅蜜，要善觀察自己的身語意，不起貪瞋痴慢疑。修到功夫嫻熟、任運自如時，一切都自然而然，就可以無修無證了。

所以者何？一切賢聖皆以無為法而有差別！

　　為甚麼呢？一切賢聖修的法是無分別智，是一樣的，但是修行者的住境有不同，因而有差別。

　　一切賢聖修無為法，離四相，而知實無有一法可得，即為證道。賢聖者，必須發菩提心去度一切眾生，而知無一眾生實滅度者，不執着於能度所度以及度眾生這回事，就是得了阿耨多羅三藐三菩提了。

　　可是，佛子修行是有法緣、次第、成就階位的種種分別。有人專修淨土宗，發願往生西方極樂淨土；有人持誦《地藏菩薩本願經》，以解冤釋結；有人與觀世音菩薩有緣，專修觀音法門，希望得到慈舟普度。開始時，修持的法門不一樣，修行所達至的階位也因進境不同而有分別，但到究竟清淨時就無分別法了。

（二）菩薩不同階位

菩薩不同階位

賢　者　十信：從假入空，離四相

　　　　　十住：從空出假，習非法，旁習非非法

　　　　　十行：從假入中，非法非非法

　　　　　十迴向：三諦圓融，超越非非法

聖　者　十地菩薩位：歡喜地、離垢地、發光地、焰慧地、
　　　　　　　　　　　難勝地、現前地、遠行地、不動地、
　　　　　　　　　　　善慧地、法雲地。

　　　　　十地：斷一分無明證一分法身，正習中道，不離二
　　　　　　　　邊，不即二邊，即空即假即中，圓融無礙超
　　　　　　　　越對待，俱破、俱立、俱絕對待。

極聖者　等覺：尚有一品無明未破

　　　　　妙覺：就是佛，已斷無明

　　《菩薩瓔珞本業經》提出，發心菩薩在菩提道上，要經歷五十二個階位才能成佛，即十信位、十住位、十行位、十迴向位、十地位、等覺位、妙覺位。十信位菩薩，又稱外凡，而十住、十行、十迴向等三賢位菩薩，則稱內凡。進入歡喜地的菩薩，稱為聖人，他們在經過初地至十地等十個階段後，會進入等覺，最後，證得妙覺（阿耨多羅三藐三菩提），全程歷時三大阿僧祇劫。

　　十信菩薩會經過十個階位，分別為信、念、進、戒、定、慧、護、願、不退、迴向，才能信心具足，成就正信不退妙德，了知世間一切法皆空，明白事物無常、苦、空的本質，作「從假入空」觀。

　　菩薩修完十信，進入十住階位，分為發心住、治地住、修行住、生貴住、方便住、正心住、不退住、童真住、王子住和灌頂住。《華嚴經·十住品》云：「如是十住諸菩薩，皆從如來法化生，隨其所有功德行，一切天人莫能測。」意思是這些十住菩薩廣修一切正法，長養菩提心，習非法、旁習非非法。完成灌頂住的菩薩，已能荷擔如來家業，慈悲憫念眾生，作「從空出假」觀，投入娑婆世界，廣度一切眾生。

　　十行菩薩的階位分別有歡喜行、饒益行、無逆行、無屈行、離痴行、善現行、無着行、難得行、善法行和真實行。十行菩薩習非法、非非法，作「從空假入中道」觀，在度眾生時，在空法、世間法之間，以不同的因緣，利樂一切眾生。

　　十迴向菩薩以大悲之心，救度眾生，共分十個階位：救護迴向、不壞迴向、和平迴向、到達迴向、無盡迴向、堅固迴向、隨順迴向、如是迴向、解脫迴向、平等迴向。十迴向位菩薩，回轉十行之善，而向於三處：一、真如實際是所證；二、無上菩提是所求；三、一切眾生是所度，已三諦圓融，超越非非法。

　　聖者是指入地的菩薩。菩薩有十地，依次為歡喜地、離垢地、發光地、焰慧地、難勝地、現前地、遠行地、不動地、善慧地、法雲地。每一地有不同分別的了悟程度。遠行地前的菩薩仍需所緣境，即

有一個修行的對境。如修止觀的，即仍有念佛是誰之法。到了不動地，行者就再不需要所緣境了，可以任運自如而修行。

　　觀音菩薩由初地修到歡喜地的時候，得到千光王靜住如來授以大悲咒而開悟，馬上跳到第八地不動地而顯現千手千眼。在不動地之前，還有一個修行的目標，到了不動地後，再不需要所緣境，是大菩薩的境界了。

第八節
依法出生分第八

須菩提！於意云何？若人滿三千大千世界七寶以用布施，是人所得福德，寧為多不？

　　須菩提，你理解如何呢？如果有人以滿載三千大千世界那麼多的七寶，用作布施，他所得的福德多不多？

（一）三千大千世界

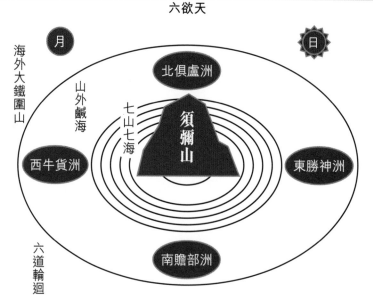

三千大千世界：

集一千小世界，上覆以二禪三天，為一小千世界；

集一千小千世界，上覆以三禪三天，為一中千世界；

集一千中千世界，上覆以四禪九天及四空天，為一大千世界。

佛教以三千大千世界作為對於「器世間」的描述。一個小千世界上覆以二禪三天，集了一千個小千世界為一中千世界，集一千個中千世界，上覆以四禪九天及四空天，成為一個大千世界。所以在佛教的教法中，宇宙是是廣袤無垠、無窮無盡的。

三千大千世界中的每一小千世界，皆以須彌山（Mountain Sumeru）為中心，圍繞四周的是四大部洲、九山八海（七山七海加上鹹海、大鐵圍山和須彌山），也有日月星辰及色界的初禪天。每一小千世界的最下層是風輪，之上是水輪，水輪之上是金輪，金輪之上就是山、海洋、大洲等所構成的大地。

四大部洲分別為北俱盧洲、東勝神洲、西牛貨洲和南贍部洲。在四大部洲中，福報最殊勝的要算生於北俱盧洲的人，他們壽命一千歲。那裏只有快樂而沒有痛苦。他們去世後，不再輪轉三惡道，只會立即升天，所以北俱盧洲並無佛法，也沒有佛出生。東勝神洲、西牛貨洲有少許佛法，其快樂比北俱盧洲為低，但又比南贍部洲殊勝。

我們生於南贍部洲，壽命最長約一百歲。南贍部洲苦樂參半，苦多而樂少。南贍部洲的人有兩個特點：堪忍和精進。堪忍者，堪能忍受痛苦；精進者，努力不懈。所以南贍部洲的人不怕修行的痛苦，可以成佛。

回到經文，何謂七寶？七寶就是金、銀、琉璃、硨磲、琥珀、赤真珠、瑪瑙。用這麼多的七寶布施，這人所得的福德有多少？

布施和布施的功德，請參考第二章第四節（第 69 頁）。

須菩提言：「甚多，世尊！何以故？是福德即非福德性，是故如來說福德多。」

世尊問須菩提，這人得到的福德多不多？須菩提回答說：「非常多。」接着，他自問自答道：「為甚麼我要回答『甚多』呢？我所說的很多福德，是指世間法的福德事相，而不是指福德的本性。世間法

的福德是有相狀的，即有漏福德，而所得的人天福報雖多，卻是有限的。但若行無相布施，三輪體空，以清淨心來布施，其福德的本性是無相的，即是無漏福德，所得的是不可限量的圓滿成就，那是『實相般若』的性。在這意義上，世尊所說的福德才真是多。」

全句的意思是：為甚麼以滿載三千大千世界的七寶布施的福德甚多？因為如果所說的是福德的「相」，那是有相狀的，是可以量度的。但如果所說的是福德的「性」，性體是無形無相，是不可以量度的。〔「性相之別」，請參考第二章第五節（頁85）；「即非辯辭」請參考第一章（頁26）。〕

若復有人，於此經中，受持乃至四句偈等，為他人說，其福勝彼。

如果有人受持讀誦《金剛經》四句偈，又向別人解釋其中義理，他所得的福德勝過以整個世界的七寶來布施，指其福德甚大。但是否讀誦就有功德了？文字只是工具，是死物而已，如果以為單單讀誦就有功德，那是迷信。讀誦經典，是要去領會其中義理，然後加以實踐。「受」解作領會，指那人能真正領會經文的義理，而得到受用。「持」指一刻不放鬆、努力精進地去學習，實踐那義理。斷一切惡，修一切善，時刻覺察自己的心，有沒有執假為真？有沒有離一切相？修行有了一定進境，能為他人說法，則福慧雙修了。

何以故？須菩提！一切諸佛，及諸佛阿耨多羅三藐三菩提法，皆從此經出！

為何如此有福呢？釋迦牟尼佛說，因為一切諸佛和無上正等正覺，都是源自於這部經典的義理。

須菩提！所謂佛法者，即非佛法。

就名相上說，佛法是宇宙人生的真理，是二千五百年前，悉達多太子出家修行成佛後，垂教弟子之言，最後結集成經，這是有歷史根據的 。但是，這佛法是現象呈現出來的，佛法只是因緣所生而有，其本體是空，當下即空。「般若性空」是佛陀所證之法，並非存在一名為「佛法」對象化的真理，可以被人執取為實有。若以佛法為對象來執取，這是把佛法視作有獨立不變的自性。佛法是理，這個法的理並不是佛所擁有的，不是定性的，不是有常的。它是不斷變化，無有定法的。如果看成有個對象、有個主宰、有定法的話，即犯了佛法外在化、對象化的錯誤。所謂佛法者，即非佛法。

有關正反命題的論述，請參考第一章第四節（頁 26)。

第三章

開解

（第九至十六分）

第一節
一相無相分第九

「須菩提！於意云何？須陀洹能作是念，我得須陀洹果不？」須菩提言：「不也。世尊！何以故？須陀洹名為入流，而無所入；不入色、聲、香、味、觸、法。是名須陀洹。」

佛問須菩提，以你認為，「須陀洹」（梵語：śrota-āpanna）聖人會否有這樣的想法，認為自己證得了須陀洹果位？須菩提回答說，他們不會這樣想的，世尊！為甚麼？初果聖人證得預流果之位，他們三界見惑已斷掉，只是未斷思惑，不會再對色、聲、香、味、觸、法起分別心，即不入六塵境界，不再因而起新煩惱。所以，他們才叫「須陀洹」。

「須菩提！於意云何？斯陀含能作是念，我得斯陀含果不？」須菩提言：「不也。世尊！何以故？斯陀含名一往來，而實無往來，是名斯陀含。」

佛又問須菩提，以你認為，「斯陀含」（梵語：sakṛd-āgāmin）聖人有否這樣的想法，認為自己證得了斯陀含果位？須菩提回答說，他們不會這樣想的，世尊！為甚麼？因為斯陀含名為一往來，他已斷盡了三界見惑和欲界思惑的前六品，對於是否再來人間，已不起分別心，心裏已不生起再來之相。所以名為「斯陀含」。

須菩提！於意云何？阿那含能作是念，我得阿那含果不？須菩提言：不也！世尊。何以故？阿那含名為不來，而實無不來，是故名阿那含。

　　佛繼續問須菩提，以你認為，「阿那含」（梵語：anāgāmin）聖人會否有這樣的想法，認為自己證得了阿那含果位？須菩提回答說，他們不會這樣想的，世尊！為甚麼？因為阿那含名為不來，他已永斷三界的見惑，亦已斷盡欲界九品思惑，不再回來欲界受生了，但他心裏也沒有生起不來之相，所以才稱「阿那含」。

須菩提！於意云何？阿羅漢能作是念，我得阿羅漢道不？須菩提言：不也！世尊。何以故？實無有法，名阿羅漢。世尊！若阿羅漢作是念，我得阿羅漢道，即為着我人眾生壽者。

　　佛再問須菩提，以你認為，「阿羅漢」的聖者會否有這樣的想法，認為我得到阿羅漢果位？須菩提答道，他們不會這樣想的，世尊！為甚麼？因為已滅盡三界見思二惑的阿羅漢，了知無有三界一切法，既然諸法不生，又怎會有一法名為「阿羅漢」呢？若他有這個想法，便已是着人相我相眾生相壽者相，那就是凡夫，而不是阿羅漢了。

世尊！佛說我得無諍三昧，人中最為第一，是第一離欲阿羅漢。我不作是念，我是離欲阿羅漢。世尊！我若作是念，我得阿羅漢道，世尊則不說須菩提是樂阿蘭那行者。以須菩提實無所行，而名須菩提是樂阿蘭那行。

　　須菩提說，世尊曾經這樣說，須菩提得到「無諍三昧」，所以是人中最為第一，是離開欲念的阿羅漢。須菩提說，我不會想自己是離欲阿羅漢。如果我這樣想，就是執着我、人、眾生、壽者相，就不是愛樂禪定行者，世尊就不會說須菩提是樂「阿蘭那行」者，不是得到無諍三昧。正因為我須菩提實際上並無這樣想，對阿蘭那行無所執着，也不會執着無諍三昧，所以名為須菩提，是個愛樂禪定的行者。
　　那麼，甚麼叫「無諍三昧」？無諍三昧即是入了禪定，無諍即是平等，無我、無人、無眾生、無壽者，彼此無高下，聖凡一相平等，無分別，故名「阿蘭那」。如有執着、有對待，就不是無諍三昧了。

（一）小乘的果位

四沙門果

要明白這一分的內容，首先需要了解上座部（小乘）修行的次第及果位。《阿毗達磨法蘊足論》卷三云：「爾時世尊告苾芻眾：有四沙門果。何等為四？謂預流果、一來果、不還果、阿羅漢果。」

上座部認為，凡夫由開始信佛至了生脫死成就聖果，需歷經四個階段，證四個果位，即須陀洹、斯陀含、阿那含和阿羅漢。所謂「斷一分煩惱，證一分真理」，其果位是以行者能清淨內心多少煩惱、破除多少迷思、修正多少邪見而定。

初果須陀洹，漢譯為入流果，即初入聖流的意思，又稱預流果，指得預聖人之流。初果聖人已斷除三界八十八使見惑，不會再墮三惡道，但需天上人間七次往返方能證阿羅漢。

二果斯陀含，漢譯為一往來，二果聖人已斷盡三界見惑及欲界九品思惑的前六品，尚有三品沒有斷盡，所以需要在人間天上再受生一次，故名一來。

三果阿那含，漢譯不還，三果聖人已斷盡三界見惑及欲界九品思惑，故不再還來欲界受生，故名不還。

四果阿羅漢，漢譯無學，因為阿羅漢聖人已斷盡三界一切見惑和思惑，究竟無餘，入無學位，不受後有，永入涅槃，亦應受人天供養，為眾生作福田。

四沙門果為三無漏學的圓滿，其中須陀洹與斯陀含為戒的圓滿，阿那含為定的圓滿，阿羅漢為慧的圓滿。

何謂見惑、思惑

《楞伽阿跋多羅寶經》卷四云：「愚夫依七識身滅，起斷見；不覺識藏故，起常見。自妄想故，不知本際。」凡夫見取七識的知見，看到剎那生滅的現象，以為沒有過去、沒有未來，生起斷滅見解。又

有凡夫不明白眾生本具圓滿如來藏，而對七識的念念相續，生起了三世不壞的常住見解；眾生生起斷見和常見，都是因為不識如來藏本體，僅是在意識層面去理解分析萬事萬物，而生起妄想或錯誤的見解。

見惑

佛教認為凡夫的見惑，不外五種：身見、邊見、邪見、見取見、戒禁取見，合稱五利使。眾生因不同的背景、家庭、教育等因素，而形成這一生的習氣，是為見惑。

一、身見：眾生認為這四大（土、水、火、風）因緣和合的身體為實我，於是生起我見，繼而產生我痴、我慢、我愛等煩惱心。

二、邊見：正如上文介紹，持斷見者，認為人死後，便會灰飛煙滅，甚麼都消失了，一滅永滅。持常見者認為，人死後，會生生世世都輪迴做人，永遠不變。不管是斷見或常見，都會使眾生造業而不覺醒。

三、邪見：外道以為世間撥無因果，不信三寶。

四、見取見：外道非果計果，他們主觀地認定某些有漏法為究竟解脫之法，以為修到四禪八定就是究竟。

五、戒禁取見：外道非因計因，以所修種種苦行，錯誤執着修此苦因，可獲最上涅槃妙果。

思惑

思惑是指思想上的迷惑顛倒，即貪、瞋、痴、慢、疑等五種由多生多世長久薰染而成的煩惱。因其薰染的時間長，斷除亦費時，故稱為「五鈍使」。

一、貪者，心於順境而生愛着。指眾生執着貪愛色、聲、香、味、觸等五塵，無有厭足，因而遮蔽清淨的自性。

二、瞋者，心於逆境而生瞋恚。指眾生對於不順己意的外境，產

生惱怒、厭惡。

三、痴者，諸法事理心不明了。指眾生不明事理，不信因果。

四、慢者，恃己本領輕凌於人。指眾生自以為是， 貢高我慢，驕傲自滿。

五、疑者，諸法事理信不決定。指眾生對諸事抱持不信任的態度，甚至懷疑佛理，無法信受奉行。

（二）小乘的修行方法

小乘修行次第

見惑：現世為多，例如，身見、邊見、邪見、見取見、戒禁取見、貪、瞋、痴、慢、疑、惡見⋯⋯就是這一世的習氣，因為背景、教育、家庭，而有這種習氣。

思惑：不單現世，還有從過去世帶來的習氣與迷惑。

小乘聖者的修行方法

四念處觀：觀身不淨、觀受是苦、觀心無常、觀法無我。

五停心觀：多貪眾生不淨觀，多瞋眾生慈悲觀，多散眾生數息觀，愚痴眾生因緣觀，多障眾生念佛觀。

四念處

釋迦牟尼佛入涅槃前，告訴弟子說：「我入滅後，汝等比丘，應依四念處安住。」四念處是佛陀入滅前留給弟子的重要教法，又稱一行道，因為它是幫助行者出世間的覺悟之道。

四念處觀即：身念處、受念處、心念處、法念處，意即如實敏銳地觀察覺知當下的身、受、心、法的狀態，以對治凡夫抱持常、樂、我、淨的四種顛倒妄見，從而消除因而產生的種種見惑及思惑。故此，四念處依次又稱作：觀身不淨、觀受是苦、觀心無常、觀法無我。

眾生的顛倒，在於不知道身體乃四大組成，且髒臭不堪，並因貪

愛執着身體而引發種種造作和煩惱。身念處的修行，除了觀自己的呼吸和行、住、坐、臥的細微動作外，還要通過七種不淨[1]、九想[2]觀、九孔不淨、墓園九觀及白骨觀等觀修方法，觀察自己和他人身體的不淨，從而破除對自身及他人身體的貪愛和執着。

眾生的顛倒，在於以苦為樂，並以追求世間欲樂為目標，因而造業，成為輪迴之因。受念處的修行是指觀察六根與外境接觸時身心所產生的感受，從而深刻地認識壞苦、苦苦及行苦，體會有受皆苦的道理。

眾生的顛倒，在於以無常為常，不明白世間一切的事物都是因緣和合而生，且會經歷成住壞滅的過程。心念處是觀察自己剎那生滅的心識變化，以及心識如何受外境影響而生起貪、瞋、痴等煩惱，從而領悟無常的真諦。

眾生的顛倒，在於以為法有實體，其本質不變且有自主性。法念處的修行是通過觀修五蓋[3]、五蘊、十二處（六根、六塵）、七覺支和四聖諦等，從而體認五蘊、十二處均為不實、無我的。

《中阿含經·因品念處經》（第九十八經）中有云：「爾時，世尊告諸比丘：有一道淨眾生，度憂畏，滅苦惱，斷啼哭，得正法，

1　於自他之身分起貪着，妨正道，故為此七種想破着心也：一、種子不淨，煩惱業因之內種，父母遺體之外種，皆為不淨。二、受生不淨，父母交媾赤白和合之不淨。三、住處不淨，於不淨之女體，胎處十月者。四、食啖不淨，胎中食母血之不淨。五、初生不淨，言十月滿足初生時之腥穢狼籍。六、舉體不淨，薄皮之下，皆為穢物。七、究竟不淨，業盡報終，捐棄於塚間之不淨流溢。參見《佛學大辭典》，頁一一二。

2　九想，又名九相，即對人的屍體作九種的觀想，以便去除人們對幻軀的留戀，以及覺知人身的不淨，為觀禪中的不淨觀。一、新死想，即觀初死的人，身硬肉冷，面目可怖，形狀堪哀。二、青瘀想，即觀數日未斂，瘀紫發臭，目不忍睹，手不敢觸。三、膿血想，即觀死屍潰爛，肉腐成膿，腸胃融化，膏血欲滴。四、絳汁想，即觀腐膿再化，成為血水，處處流出，臭不可聞。五、蟲啖想，即觀腐屍日久，遍體生蛆，穿筋嚙骨，身如蜂窠。六、筋纏想，即觀皮肉鑽盡，筋骨猶存，如繩束薪，得以不散。七、骨散想，即觀筋亦爛壞，骨節縱橫，零落骷髏，不成人狀。八、白骨想，即觀骨骸日久，白如珂雪，雨淋日曝，暴露原野。九、燒灰想，即觀白骨被焚，成為灰燼，如沙如土，還歸大地。參見《佛學常見辭彙》，頁三十六。

3　蓋即蓋覆之義。有五法，能蓋覆心性而不生善法也。一、貪欲蓋，執着五欲之境以蓋心性者。二、瞋恚蓋，於違情之境懷忿怒以蓋心性者。三、睡眠蓋，心昏身重，而不為其用以蓋心性者。四、掉悔蓋，心之躁動，謂之掉，於所作之事而心憂惱，謂之悔，以蓋心性者。五、疑法，於法猶豫而無決斷，以蓋心性者。《法界次第·上之上》曰：「通名蓋者，蓋以覆蓋為義。能覆蓋行者清淨心善，不得開發，故名為蓋。」又詳《智度論·十七》、《大乘義章·五本》、《三藏法數·二十四》。參見《佛學大辭典》，頁五七二。

謂四念處。」足見四念處不但能讓行者釋疑解惑、斷煩惱，且是通往涅槃的聖道。

五停心觀

佛陀開示五停心觀，以協助不同根器的比丘對治不同的習氣和煩惱。

《大乘義章》卷十二有云：「五停心義四門分別：就初門中先釋其名，後辨其相。名字是何？一不淨觀。二慈悲觀。三因緣觀。四界分別觀。五安那般那觀。此五經中名五度門。亦曰停心。言度門者。度是出離至到之義。修此五觀能出貪等五種煩惱到涅槃處。故名為度。又斷煩惱度離生死，亦名為度。」此處所謂「安那般那」觀（梵語：ānâpāna）即數息，而「界分別」（梵語：dhātu-prabheda）是指通過觀察四大（地、水、火、風）的不同性質與變化，以破除有身見，達至禪定。後來大乘佛法主張以念佛觀代替「界分別」觀。

蕅益智旭大師《教觀綱宗》云：「五停心者，一多貪眾生不淨觀，二多瞋眾生慈悲觀，三多散眾生數息觀，四愚痴眾生因緣觀，五多障眾生念佛觀。以此五法為方便，調停其心，令堪修念處，故名停心也。」

簡言之，五停心觀就是不淨觀、慈悲觀、數息觀、因緣觀、念佛觀。

不淨觀為對治貪欲而設，而這裏所指的貪欲，又以淫欲為主。淫欲乃眾生流轉三界之根本，乃障道法。修持不淨觀，主要如上述四念處觀身不淨修法，也是修七種不淨、九想觀、白骨觀等。

《楞嚴經》亦言：「婬心不除，塵不可出。縱有多智禪定現前，如不斷婬，必落魔道。」

相傳呂洞賓留下一詩，以十分形象化的手法，警惕世人要戒除淫慾：「二八佳人體似酥，腰間仗劍斬愚夫。雖然不見人頭落，暗地教君骨髓枯。」

　　慈悲觀乃對治瞋恚之法。眾生的瞋恚可分為違理瞋、順理瞋和諍論瞋三種。違理瞋指眾生沒有緣由而生的瞋怒；順理瞋是指被他人惱害而生的瞋心；諍論瞋是指眾生以為自己所得之法是正確的，而別人所行所說皆錯，並與人諍論，因而引起瞋惱。佛陀開示以生緣慈、法緣慈和無緣慈來分別對治之。

　　數息觀乃對治散亂之法。行者需把心念繫於一呼一吸上，以達至一心不亂，心止於一境。數息觀有六種相，即數、隨、止、觀、還、淨，因此又稱為六妙門。

　　因緣觀乃對治愚痴之法，觀想十二因緣之理，認識三世因果相續，明白諸法不常亦不斷。

　　念佛觀乃對治業障深重之法。過去生所種下的惡業，可能障礙善道，須修善念佛，消除業障。觀應身佛相好光明，對治惛沉蔽塞障；觀報身佛功德巍巍，對治惡念思惟障；觀法身佛空寂無為，對治境界逼迫障。

第二節
莊嚴淨土分第十

佛告須菩提：「於意云何？如來昔在然燈佛所，於法有所得不？」「不也，世尊！如來在然燈佛所，於法實無所得。」

（一）於法實無所得

佛陀問須菩提，以你認為，我當年在然燈佛（即燃燈佛，梵语：Dīpaṃkaras tathāgataḥ）所，有否得到然燈佛的法？須菩提答道：沒有，世尊在然燈佛所，實在無一法可得。因為，如要得到佛法，就是有我、人、眾生、壽者相。正因為佛陀沒有住相，沒有執着於法，所以才能成佛。

如要了解這一段經文，須先說一個佛本生經的故事。本生（梵語：Jātaka），又稱佛說本生經、生經、本生譚、本生故事，是記錄佛陀還未成佛，在因地為菩薩時的前世故事。

話說佛陀未成佛前，有一生轉世為修行人，名為儒童[4]。是時，然燈佛將會到其居住的鉢摩國教化。於是舉國歡騰，為然燈佛的到來而作準備。儒童入定，得知然燈佛所經之路，欲持鮮花相迎，全城鮮花卻已為迎佛而售罄。後於路上遇到早前辯論招親成功，而自己立志修道不娶的女子，採花而回。儒童懇請她相讓五枝蓮花，女子說可答應他的請求，但條件是要生生世世娶她為妻。儒童為了得到鮮花供佛，也只好答應她的條件，借花獻佛。

爾時，鉢摩國舉國上下包括國王、王后、文武百官和老百姓正夾

4　《六度集經》卷七，《大正新修大藏經》，第三冊，號一五二。

道歡迎然燈佛的到來。然燈佛甫出現，儒童即脫下身上鹿衣鋪在地上潮濕之處，又朝佛方向撒上五朵蓮花。花在空中整齊排列，又落在地上，如有人親手栽種一樣。

然燈佛遂為儒童摩頂授記曰：九十一劫後，你當成佛，號能仁如來。成佛之時，王政廢弛，民風敗壞，你當拯救萬民於苦海。

儒童聞之欣喜，一躍而跳入虛空，離地七仞，復又降下，以長髮鋪地，讓佛踏着走過。而儒童長髮鋪地之處，後建成巍巍佛寺。

當年的儒童亦一如授記所言，在降生人間的最後一世，成為迦毗羅衛國的悉達多太子，並娶了耶輸陀羅（梵語：Yaśodharā）為妻，這就是當年的採花女，而他亦於此世證得無上正等正覺，成為亘古以來即身成佛的第一人。

須菩提！於意云何？菩薩莊嚴佛土不？不也。世尊！何以故？莊嚴佛土者，即非莊嚴，是名莊嚴。

佛再問須菩提，以你認為，菩薩有沒有莊嚴佛土？須菩提回答說，世尊！菩薩沒有莊嚴佛土，為甚麼？須菩提是以三句即非辯辭——莊嚴佛土者，即非莊嚴，是名莊嚴——去回答這問題。（關於「即非辯辭」，請參考第一章頁 26。）

莊嚴佛土，是指菩薩行六度萬行，並把所有功德迴向，以莊嚴佛淨土，令眾生心生歡喜。

首先，從事相來說，莊嚴佛土有相有狀，可聞可見，的確有人以花果供養道場，但一切都是因緣所生法，所以是空。這裏所謂的莊嚴佛土，是指其相，而非其體性。莊嚴佛土的體性，本自空寂，也本然莊嚴，何用菩薩來莊嚴？

其次，性本無相，莊嚴者其心應於六塵等相一無所住，莊嚴佛土而不着相，故曰「即非」。

其三，菩薩心性本空，故不應着有而取於莊嚴相。菩薩雖精進於

莊嚴佛土，而心中無所取。若知其非而不取着時，何妨莊嚴相。

　　然而，相本以性為體，故不應斷滅莊嚴相。雖然「相」不可執，但「相」亦不可離，不可以離「相」而解空；相從性起，性必現其相，性相從來不離。性相圓融，「是名」莊嚴佛土。

　　也許有人會說，既然是空，不如不去莊嚴，讓它荒廢好了。 既然實無眾生可度，不如不發心度眾了。 既然無佛道可成，不如不成佛。是耶非耶？且聽下文分解。

（二）不應住色生心，不應住聲香味觸法生心

是故須菩提，諸菩薩摩訶薩，應如是生清淨心，不應住色生心，不應住聲香味觸法生心，應無所住而生其心。

　　所以須菩提，凡是修學菩薩道的人，應該不要執着色、聲、香、味、觸、法而生清淨心，應無所住而生心。言下之意，心是應該生起的，但要生清淨心而無所住。

　　甚麼叫清淨心呢？那是如來智慧覺性（本性），如能離一切相，這個清淨心就顯現了。所以，「眾生無邊誓願度，煩惱無盡誓願斷，法門無量誓願學，佛道無上誓願成」，這些是發心菩薩所必須做的，否則，就不是上求佛道、下化眾生的菩薩了。可是，度了眾生後，要離一切相，明白無我、人、眾生、壽者相，實無有一眾生得滅度者。行者在修一切善時， 不執着色、聲、香、味、觸、法，要六根不攀緣六塵而生其心。

須菩提！譬如有人，身如須彌山王，於意云何？是身為大不？須菩提言，甚大！世尊！何以故？佛說非身，是名大身。

　　須菩提，假如有人的身體好像須彌山那麼大，你認為這個人的

身大嗎？須菩提回答曰，非常大！世尊！為甚麼呢？佛所說的不是報身，而是清淨法身，所以非常大。

　　凡夫看到的是佛的應身。佛的應身只是「相」，是因緣所生法。報身有千丈之高，只有菩薩得見。非身是指「性」，是指無形無相的法身。正因其無形無相，所以才是「大身」。

第三節
無為福勝分第十一

須菩提！如恆河中所有沙數，如是沙等恆河，於意云何？是諸恆河沙，寧為多不？」須菩提言：甚多！世尊。但諸恆河尚多無數，何況其沙。

佛問須菩提，如果以恆河中所有沙粒的數目來作比喻，一沙粒比作一條恆河，你認為怎樣呢？那麼恆河沙的數目多嗎？須菩提回答說：非常多！世尊。以一沙粒比作一條恆河，則有無數恆河，恆河的數目已經那麼多，更何況是所有恆河中的沙粒呢！

須菩提！我今實言告汝，若有善男子善女人，以七寶滿爾所恆河沙數三千大千世界，以用布施，得福多不？須菩提言：甚多！世尊。

須菩提，我現在如實告訴你，如果有善男子、善女人以比喻充滿恆河沙那麼多的三千大千世界的七寶來作布施，他所獲得的福德多嗎？須菩提回答道：非常多。世尊！

佛告須菩提：若善男子、善女人，於此經中，乃至受持四句偈等，為他人說，而此福德，勝前福德。

世尊繼續告訴須菩提，如果有善男子、善女人受持讀誦《金剛經》，甚至只是其中四句偈，把在經中所領悟的義理，向其他人解說，其所得到的福德，相較前述以無量七寶布施之人所獲福德為多。

　　為甚麼呢？因為如以七寶布施，那只是財施，其功德遠遜於以《金剛經》義理教人的法施，因為法施能讓人生智慧，走上佛道，離苦得樂，了生脫死，其功德是浩瀚無邊的。

第四節
尊重正教分第十二

復次：須菩提！隨說是經，乃至四句偈等，當知此處，一切世間天、人、阿修羅，皆應供養，如佛塔廟。

佛陀繼續開示：須菩提，如果你隨緣說法，向人講解《金剛經》，甚至只是解說經中的四句偈，則無論在哪裏說法，該處一切的天神、人、阿修羅，都向你恭敬禮拜，就像虔誠供養佛塔、佛廟一樣。

何況有人，盡能受持，讀誦。須菩提！當知是人，成就最上第一希有之法。若是經典所在之處，即為有佛，若尊重弟子。

何況有人盡其所能受持讀誦，須菩提，要知道那人已親證最珍貴稀有之法。凡《金剛經》所在之處，就如有佛及一切賢聖同在。

甚麼是受持？受是領悟並接納其意，持是銘記持守，一刻不放鬆、努力不懈地學習，並得到受用。讀是念着經文，誦是諷誦，指背誦在心，並以各種不同形式念誦，包括朗誦及梵唄的唱誦。

《金剛經》教人離一切相，修一切善，那是實相之理，沒有更殊勝的教法了，所以是「第一希有之法」。

第五節
如法受持分第十三

爾時，須菩提白佛言：世尊！當何名此經？我等云何奉持？

當時，須菩提稟佛，世尊！這部經我們應取個甚麼名字？應如何奉行受持？

佛告須菩提：是經名為金剛般若波羅蜜，以是名字，汝當奉持。所以者何？

佛陀告訴須菩提，這部經叫《金剛般若波羅蜜經》，你應該用這名字去供奉和誦讀。（關於這經名的解釋，請參考第一章頁 16。）為甚麼？

佛説般若波羅蜜，即非般若波羅蜜，是名般若波羅蜜。

「般若波羅蜜」(梵語：prajñāpāramitā)，又稱般若波羅蜜多。Pra 是至高無上和獨特的意思。Jna 是心識。「般若」，即是智慧，但並非從學習世間事物所得的世智辯聰，而是出世間的無上智慧。佛説：「從聞思修入三摩地」[5]，又 以戒定慧超四禪天[6]，所説的就是行者如何由聞法開始，繼而勤修戒定慧。由戒生定，由定生慧，最後開悟成佛。

「佛説般若波羅蜜」，這是正命題，就名相來説，佛法是釋迦

5　《楞嚴經》，《大正新修大藏經》，第十九冊，號九四五，頁三十五。
6　同上，頁六十二。

牟尼佛所說，有歷史根據，是宇宙人生的真理。般若能令眾生離苦得樂，趣向菩提，永斷生死，常住快樂。

「即非般若波羅蜜」，是反命題。世尊剛把這經命名為《金剛般若波羅蜜經》，但是為免眾生執着於佛經的名相，於是，又馬上提出否定命題，指出「般若性空」，乃佛陀所證之法，並非表示有一外在的相，名曰佛法，故不可以執取為實有。若以佛法為對象來執取，這是把佛法視為有獨立不變的自性。佛法不是佛所擁有的，若作如是想，即犯了佛法外在化、對象化的錯誤。

「是名般若波羅蜜」，這是合命題。如果了解「般若性空」，而不執此法，即超越有、空。「般若性空」，是佛陀所證之法。諸法皆空、無常；正如佛陀說，無有一法可得，「般若」也是法，所以也是空的。（請參考第二章第八節第 103 頁）

佛法是不可說、不可取的，但佛陀為了教化眾生，非得以「文字般若」去作標月指。然而，解空後又不能執空。執空就容易落入斷滅空、撥無因果的邪見。所以，此處的經文是破有顯空而不離有，不要執着佛法，但也不應離開佛法。諸法雖然是無常、性空，但相是存在的。例如，一盞燈，其外相是燈的形象，其性是照明，但這明亮也需要有燈的相才能顯發。沒有這盞燈，就無法發光照明了。燈是無常的，根據「緣起性空」的法則運轉，它會成住壞滅，需要不斷更換燈泡而維持它的明亮，而這發光的體性是不變的。

關於「即非辯辭」的分析，請參閱第一章第 26 頁。

須菩提！於意云何？如來有所說法不？須菩提白佛言：世尊！如來無所說。

世尊又問須菩提道：你認為如何，如來有沒有說法呢？須菩提回答：世尊，如來並無說法。

為何如來說一切法，但又無所說呢？

　　《金剛經》第七分說：「無有定法如來可說。何以故？如來所說法，皆不可取、不可說；非法、非非法。」如來所說法是教人離開一切妄念，既然離念，又何有法可得？無有一法可得，就如同虛空。虛空能容納萬法，但是虛空無可限量，本身並沒有實質，是離心意識的。「取」是要起心動念，是有意識活動，即是有名有實的。無念之法，就是要離言說相，離心緣相，要超越妄心，所以，如來實無說法。

須菩提！於意云何？三千大千世界所有微塵，是為多不？須菩提言：甚多。世尊！須菩提！諸微塵，如來說非微塵，是名微塵。

　　佛問須菩提，三千大千世界的微塵多不多？須菩提答道，非常多。佛告訴須菩提，如來所說的微塵，並非微塵，那只是假名施設的微塵，當你不執着微塵之相，便了達其實相了。如來所說的世界，只是世界的相，並非世界之性，明白這道理，就了達世界之實相了。

　　微塵[7]（梵語：aṇu-rāja），為眼根所取最微細之色量。極微（梵語：paramāṇu），為色法存在之最小單位。按《俱舍論・卷十二》所說，合七極微為一微塵，合七微塵為一金塵，合七金塵為一水塵。七水塵謂一兔毛塵，七兔毛塵謂一羊毛塵，七羊毛塵謂一牛毛塵，七牛毛塵謂一隙遊塵（又作向遊塵）。以一極微為中心，四方上下聚集同一極微而成一團者，即稱微塵。此外，諸經論亦每以「微塵」比喻量極少，以「微塵數」比喻數極多。

　　按現代科學所說，原子（英語：atom）是物質中最小的單位，原子中有原子核（英語：nucleus）和電子（英語：electron），原子核中有質子（英語：proton）和中子（英語：neutron）。然而，這些都是名相，是因緣所生法，緣合則有，緣滅則無。它並無自性，飄泊不定，

7　色體之極少為極微，七倍極微，為微塵。七倍微塵，為金塵。金塵者，得遊履金中之間隙也。《俱舍論・十二》曰：「七極微為一微量，積微至七為一金塵。」參見《佛學大辭典》，頁二三九一。

不斷轉變，是無常而短暫的，所以，所謂微塵，只道出其相而已，未能指出其實相空性，所以「即非微塵」。然而，空而不空是真空，有而不有是妙有，知空不礙有，空有相融，才是真實微塵。

如來說世界非世界，是名世界。

世界是由微塵所組成的，所以，亦是因緣所生法，離開種種條件，根本無其世界。這就是空義。龍樹菩薩的《中論》有云：「以有空義故，一切法得成；若無空義者，一切則不成。」萬法皆因空而有，就是因為有空才有一切法。

須菩提！於意云何？可以三十二相見如來不？不也。世尊！不可以三十二相得見如來。何以故？如來說三十二相，即是非相，是名三十二相。

佛問須菩提，依你認為，可以從三十二相得見如來嗎？須菩提回答說，不可以三十二相見如來。為甚麼呢？如來說三十二相，即是非相，是名三十二相。

關於這問題，我們在第二章第五節已有詳細解釋，現在重溫一下。事實上，我們並不可以從如來的外表看到其自性。

阿難尊者就是在佛陀的莊嚴威儀攝受下，立志出家，但他只看到了三十二相的外觀，而沒有看到那是佛陀每修一百福，才莊嚴一相，由精進不懈地修行，歷經九十一劫才圓滿相好的成果。這相雖好，亦只是因緣所生法，到因緣不和合時，就會消失，所以，無其自性，是為「非相」。但破有而知無有一法可得後，亦不能執空，須知真空妙有，妙有真空，正如《佛說如來不思議秘密大乘經》所說：「雖觀諸佛法身無相，而善勤求如來所有殊妙相好。」那才是三十二相的意義。

須菩提！若有善男子、善女人，以恆河沙等身命布施，若復有人，於此經中乃至受持四句偈等，為他人說，其福甚多！

前文我們討論過，向人講解《金剛經》，相較以無量七寶布施，前者的功德遠勝於後者。這裏，世尊問須菩提，若有善信以無量劫的身命布施，相較有人受持讀誦《金剛經》四句偈，並向他人解說，其功德何者為大？

七寶只是身外物，要人捐贈身外物（財施），是相對容易的。人的身命最為寶貴，這亦是凡夫最執着的東西。若非為了愛惜這色身，為這色身謀求舒適安逸，眾生也不會造如許業。所以，若有人為一個更崇高的理想而捨棄生命，例如為國捐軀，那是極不容易的事，值得人們景仰。然而，相比受持讀誦《金剛經》四句偈，並向他人解說，令人超脫輪迴，證無上正等正覺，卻又是後者較勝。所以，是為「甚多」。

第六節
離相寂滅分第十四

爾時，須菩提聞說是經，深解義趣，涕淚悲泣，而白佛言：
希有！世尊。佛說如是甚深經典，我從昔來所得慧眼，未曾
得聞如是之經。

　　當時，須菩提聽聞這經，深入理解經中義理後，為之深深感動而
悲淚縱橫。他悲心顯現，就像大慈大悲的觀世音菩薩一樣，知道眾生
因修習《金剛經》而脫離三惡道之苦，得阿耨多羅三藐三菩提，而大
為感動。於是向佛陀說：真是難得，佛宣說這麼高深奧妙的義理，我
證得阿羅漢以來，得了智慧眼，了知一切法皆空，可是還沒有得聞如
這部經典所說的法。

世尊，若復有人，得聞是經，信心清淨，則生實相。當知是
人成就第一希有功德。

　　這一段再次描述行者如何依文解義（文字般若），隨聞入觀（觀
照般若），最後證得無上道果（實相般若）。《華嚴經》云：「信為
道元功德母，長養一切諸善根。」一念淨信，便能開啟通往解脫的大
門。生淨信之人，能成就第一稀有功德，因為正如前述，只要一念清
淨，就能與佛相應。

世尊！是實相者，則是非相，是故如來說名實相。

　　為怕眾生執着實相的「相」，世尊馬上又用「即非辯辭」來否定

它，指出文字上的實相，即非實相。所謂「諸法實相」是一切事物真實、平等、常住不變的本性。此實相亦名一如、法性、涅槃、佛性、常住真心、如來藏、圓成實性、如如。不同的名字都是表達實相的第一義諦[8]。

佛所證的實相，凡夫是無法體驗的，只能從「文字般若」去領會。正如未到過北京的人，只能靠看文章來認識，但始終無法真切體驗一座古城的風貌。我們從「文字般若」起觀修，但那「文字般若」所說的實相，只是其相狀，未及其性，而其性本空，明白這一點，方知如來所說的實相，只有佛和佛之間才能徹見此中真昧。正如《法華經‧方便品》所說的：「佛所成就第一希有難解之法，惟佛與佛乃能究盡。」

《六祖壇經》收錄了一則禪話。一天，六祖徵問弟子曰：「有一樣東西，無頭無尾，無名無字，無背無面，大眾知道這是甚麼東西？」

一名弟子舉手說：「是諸佛之本源。」

六祖一個香板打下去，說：「一早說明是無名無字，你還講？」

這正是佛經所說的「心行處滅，言語道斷」。又如《維摩詰所說經‧入不二法門品》中，文殊師利菩薩說：「如我意者，於一切法無言、無說、無示、無識。離諸問答，是為入不二法門。」文殊師利菩薩問維摩詰，而他卻「默然無言」，如實地開示了不二法門，那是不可說、不可說，因為本來是空，一說便不中。

8　二諦之一。對於世俗諦之稱，又云真諦、聖諦、勝義諦、涅槃、真如、實相、中道、法界、真空等，總以名深妙之真理，諦者真實之道理也。此道理為諸法中第一，故云第一義，真實故云真，為聖者所見，故云聖，為殊勝之妙義，故云勝義。《大乘義章‧一》曰：「第一義者，亦名真諦。第一是其顯勝之目，所以名義。真者，是其絕妄之稱。世與第一審實不謬，故通名諦。（中略）彼世諦若對第一，應名第二。若對真諦，應名妄諦。第一義諦若對世諦，應名出世。若對俗諦，應名非俗。若對等諦，應名非等。立名一一不可返對。是故事法，且名世諦俗諦等諦。理法，且名第一義諦乃至真諦。」參見《佛學大辭典》，頁一九二七。

世尊！我今得聞如是經典，信解受持不足為難，若當來世後五百歲，其有眾生得聞是經，信解受持，是人即為第一希有。

須菩提善根深厚，身處正法時代，能親在佛座下領受教益，由信生解，依解立行，實在不難。可是，後五百歲已是像法時代，其時若有眾生有此善根、福德因緣，聞此大法，又有智慧理解這甚深經典，且信心堅定，依解修行，那真是個極為稀有的人。

何以故？此人無我相、人相、眾生相、壽者相。所以者何？我相即是非相；人相、眾生相、壽者相，即是非相。何以故？離一切諸相，則名諸佛。

為甚麼呢？他已能離我相、人相、眾生相、壽者相。當行者能離開一切相，即是已解空，並在空性中修一切善，修六度波羅蜜——布施、持戒、精進、忍辱、禪定、般若，那就是佛的境界了。

佛告須菩提：如是如是！若復有人，得聞是經，不驚、不怖、不畏，當知是人，甚為希有。

佛認可須菩提的解悟，故說如是如是。如果將來有人聽聞這經，不驚恐害怕的話，這個人甚為稀有。如前文所說，受持的意思，是領悟接納經文深意，一刻不放鬆地去學習，離一切相，修一切善，並得到受用。

為甚麼有些人聽到這部經就驚、怖、畏？執着有相的人聽到「般若」第一義空，會感到懼怕，怕此經典非正道，誤解「空」是斷滅空；疑者對於「凡所有相皆是虛妄」一說，感到懷疑，因未能斷疑而感到怖慄；畏者是因為空義而不敢依法修行。

何以故？須菩提！如來說第一波羅蜜，非第一波羅蜜，是名第一波羅蜜。

　　這又是一句「即非辯辭」。所謂「第一波羅蜜」，所指的是「般若波羅蜜」在六波羅蜜中，以般若至為重要？《大智度論》云：「諸法甚深者，般若波羅蜜是。」六度萬行中的前五項——布施、持戒、精進、忍辱、禪定，皆必須由般若去領導，般若是一切佛法的總綱，若無般若，修其他諸行也無法到彼岸，可能變為修邪布施、邪戒、邪精進、邪忍辱、邪禪。為甚麼呢？正如前文所說：「凡所有相，皆是虛妄。若見諸相非相，即見如來。」行者一執布施相，就會求名求利，出現種種習氣，繼而煩惱叢生，變得不清淨。行者必須要體悟「般若三空」（即人空、法空、空空）而行於前五度。亦如第六分所說：「無復我相、人相、眾生相、壽者相。無法相，亦無非法相」，破我執，斷四相，即人我皆空。無法相，即法空；亦無非法相，連非法相也空掉，不落二邊，佛法謂之雙照雙遮。

（一）雙照雙遮？

　　凡夫執着有，故流轉生死。小乘聖人從假入空觀，知道一切是因緣所生法，當體即空即假，破有證空。但執空也是執，而且這又使他們成了焦芽敗種，不成佛法，不益眾生。

　　大乘菩薩從假入空觀，觀空而不住空，重入娑婆與眾生和光同塵，自利利他，亦有亦空，不墮二邊，證道種智。

　　智者大師《觀無量壽佛經疏》卷一道：「二空為方便者。初觀空生死，次觀空涅槃。此之二空，為雙遮之方便。初觀用空，次觀用假。此之二用，為雙照之方便。心心歸趣入薩婆若海。雙照二諦也。此觀成時，證一切種智。是為次第三觀也。」

　　「雙遮」是不空不有，不住有、不住空的意思，「雙照」是空有

同時起作用，亦空亦有，不即不離。雙遮雙照，就是中道，就是離四相，絕百非。

凡夫着有，小乘着空，大乘菩薩明白空有不二，所以不墮二邊，亦空亦有，是為雙遮雙照。這樣才能成就般若智慧，心心歸趣入薩婆若海。

須菩提！忍辱波羅蜜，如來説非忍辱波羅蜜。

這裏用上「即非辯辭」去解釋「忍辱波羅蜜」。忍辱是六度萬行中最重要一環，因為那可助行者證無我之法。

何以故？須菩提！如我昔為歌利王割截身體，我於爾時，無我相、無人相、無眾生相、無壽者相。何以故？我於往昔，節節支解時，若有我相、人相、眾生相、壽者相，應生瞋恨。須菩提！又念過去於五百世，作忍辱仙人，於爾所世，無我相、無人相、無眾生相、無壽者相。

佛又告訴須菩提説，我在過去五百世中，長久修忍辱，那時，我已證得無四相的成就了。

（二）忍辱仙人的故事

這裏，我們要先介紹忍辱仙人的典故。按《賢愚經》卷二〈羼提波梨品第十二〉所述，佛在無量阿僧祇劫以前，有一世生於閻浮提世界，名為羼提波梨，他帶着五百名弟子於山林中專修忍辱。時有一惡君，名為歌利王（梵語：Kalāburāja）。一天他領着妃嬪到山中觀賞風景。歌利王遊玩了一會，感到累了，於是便躺下小睡片刻。妃嬪們趁國王睡着，便溜開去到處遊玩。直到她們看到法相莊嚴的羼提波梨正在樹下靜坐，心生敬信，便圍坐在他跟前，向他請法。

歌利王醒來後，四下觀望，找不到眾妃嬪，便率領四位大臣到處尋找。終於看見她們圍坐在仙人前聽法，於是他就走到仙人面前，大興問罪之師，問他是否已經證得四空定、四無量心或四禪。仙人均回答說：「沒有。」歌利王於是勃然大怒說：「你沒有這些功德，那你只是個凡夫俗子罷了！你獨自和女子在這隱蔽的地方，叫人如何相信你的清白？」

歌利王接着又問：「你一直在這裏修行甚麼法門呢？」仙人答說：「修行忍辱。」

歌利王於是拔出寶劍，要考驗他是否真的能忍辱。於是先後割掉他的雙手、雙腳、耳朵和鼻子。仙人依然面不改容，並沒有忘失忍辱心。歌利王這才驚怖不已，進一步問：「你說能忍辱，如何證明呢？」仙人答說：「若我真無瞋恨心念，那麼鮮血就會馬上變成乳汁，身體恢復如初。」話音剛落，鮮血立即變成乳汁，身體也完好無缺。

歌利王看到仙人的殊勝修忍辱之行，心中懊悔，向仙人懺悔說：「我無故傷害、羞辱大仙人，懇請您哀憫我，接受我的懺悔。」仙人告訴他：「你因爲執着女色，用刀割截我的身體，而我的忍辱，卻如同大地一般毫不動搖。但願我未來成就佛道時，能夠最先以智慧刀來斷除你的三毒煩惱。」

當時的羼提波梨就是佛陀的前身；歌利王及四位大臣，就是憍陳如等五比丘。

回到經文，忍辱仙人被歌利王節節割截身體，而不生瞋恨心，那是因為他已完全無我相、人相、眾生相、壽者相。經中反覆說明，假使忍辱仙人還有四相，就應生瞋恨心。如生瞋恨心，就不會在被歌利王節節肢解後，仍能安然恢復過來。這正是契入空性的妙用，當行者證得無一法可得時，就知空能涵養萬物，成就一切法，當體真空妙有、明空不二，這就是實相空性不可思議之處。

同樣的例子，可見於觀世音菩薩在接受了千光王靜住如來摩頂及

傳授大悲心陀羅尼後，即長出千手千眼，以誌其清淨無染之大慈大悲心。可見一念清淨，即與自性如來藏相應，即與諸佛菩薩相應。

是故，須菩提！菩薩應離一切相，發阿耨多羅三藐三菩提心，不應住色生心；不應住聲香味觸法生心，應生無所住心。若心有住，則為非住。是故佛說菩薩心，不應住色布施。

所以菩薩應該發慈悲心、離相心，修一切善心，不執着於色、聲、香、味、觸、法而生其心。如果住於色、聲、香、味、觸、法而生其心，就不是依釋迦牟尼佛所教的阿耨多羅三藐三菩提法而生心。《金剛經》在這裏反覆說明，大菩薩應如何不住色布施和發心，而應生無所住心。（關於不住色布施這概念，在第二章亦有所介紹。）

須菩提！菩薩為利益一切眾生故，應如是布施。如來說一切諸相，即是非相；又說一切眾生，即非眾生。

佛陀一再叮嚀須菩提，菩薩道行者為了利益眾生，應不住色布施。又指出，如來所說的諸相，都不是其實相，而諸法到底皆空，眾生亦然。

須菩提！如來是真語者、實語者、如語者、不誑語者、不異語者。須菩提！如來所得法，此法無實無虛。

世尊告誡須菩提，應諦聽佛言，不必多疑，因為如來是真語者，其所說一切法皆從真如流露出，表性體的空寂，不是妄語。如來是實語者，其所有言語皆從實相流出，表體相用，絕不是虛語。如來是如語者，其所說諸法皆是其所親證出來的。如來是不誑語者，所說一切法均為真實不虛的，不會欺誑眾生。如來是不異語者，雖然佛說人天

乘、二乘、權教大乘等種種乘，但皆為一佛乘，無有一法不平等，只是為度不同根器和不同修行階梯的眾生而有分別。

須菩提！若菩薩心住於法，而行布施，如人入闇，即無所見。若菩薩心不住法而行布施，如人有目，日光明照，見種種色。

如菩薩住於法而行布施，即是着相布施，有求布施，而不是三輪體空地布施，就好像進入了黑暗的房子，伸手不見五指。相反，如能不住相布施，可得無漏功德，就像有眼睛的人，能夠看到山河大地在太陽照耀下，萬事萬物呈現不同的顏色。

須菩提！當來之世，若有善男子、善女人，能於此經受持讀誦，即為如來以佛智慧，悉知是人，悉見是人，皆得成就無量無邊功德。

如果有善男子、善女人時常受持讀誦這部經，得到了清淨心，與佛相應，如來乃至一切菩薩悉知悉見，其人得無量功德。

第七節
持經功德分第十五

須菩提！若有善男子、善女人，初日分以恆河沙等身布施；中日分復以恆河沙等身布施；後日分亦以恆河沙等身布施，如是無量百千萬億劫以身布施。若復有人，聞此經典，信心不逆，其福勝彼。何況書寫、受持、讀誦、為人解說。

佛陀告訴須菩提，如果有善男子、善女人無論早上（初日分）、中午（中日分）或晚上（後日分），即差不多整日二十四小時均以恆河沙那麼多的財寶和不惜生命地去布施，並在無量百千萬億劫，都是這樣犧牲自己的身體去布施，他的福德自然非常多。然而，相對於有人在聽聞《金剛經》後，對於此中義理堅信不移，後者的福德勝於前者。更何況以此經作為修行之依據，以清淨心去抄寫、背誦、受持，向其他人宣講，使得此經廣為流佈的人，其功德更是無量無邊。

須菩提！以要言之，是經有不可思議，不可稱量，無邊功德。

須菩提，最至關重要的是，這經之無量無邊的功德到底有多大呢？那是超越普通人的想像和理解，無法以度量衡去計算的。

如來為發大乘者說，為發最上乘者說。若有人能受持、讀誦、廣為人說，如來悉知是人、悉見是人，皆得成就不可量、不可稱、無有邊、不可思議功德，如是人等，則為荷擔如來阿耨多羅三藐三菩提。

　　佛陀應機而說法，這《金剛經》是說給大乘行者和發最上乘心菩薩聽的。如有人受持、讀誦或為人宣說此經，他就會得到如來的護念，成就不可思議的無量功德。這人亦肩負着傳揚佛教的重任。荷擔，意謂背負起如來弘法利生事業的重責，有燃佛明燈、續佛慧命的意思。《法華經》云：「諸佛世尊，惟以一大事因緣故出現於世。……欲令眾生開佛知見使得清淨故，出現於世。」諸佛菩薩皆為一大事因緣而現於世，那就是為眾生開、示、悟、入佛知見，佛子須如子承父業般，挑起這弘法利生的事業重擔。這不是一般的家業，是如來要讓眾生成就無上正等正覺，一度永度，生生世世離苦得樂的大事業。

　　凡夫因為仍有思惑，執着我相、人相、眾生相、壽者相，故事事以己為先；菩薩則不然，發最上乘心的菩薩乃以普度眾生為己任，正如四宏誓願中第一句所說：「眾生無邊誓願度」。地藏王菩薩發大願云：「地獄不空，誓不成佛，眾生度盡，方證菩提。」大菩薩都是發大願要先度化罪苦眾生的。

何以故？須菩提！若樂小法者，着我見、人見、眾生見、壽者見，則於此經不能聽受讀誦，為人解說。

　　樂小法即喜歡小乘法的人，他們仍然執着四相，仍存有人我之見。小乘根器的行者是自了漢，他們不像大乘菩薩般處處發心度眾，事事以利他為先。所以他們不喜歡聽聞大乘經典，也無法讀誦受持或為人宣揚此經。

須菩提！在在處處，若有此經，一切世間天、人、阿修羅所應供養。當知此處，則為是塔，皆應恭敬，作禮圍繞，以諸華香而散其處。

　　須菩提！《金剛經》所在之處，就是代表佛塔所在之處，堪為世間的一切天、人、阿修羅，帶香花來恭敬、作禮、圍繞、讚嘆、供養。

第八節
能淨業障分第十六

復次，須菩提！善男子、善女人，受持、讀誦此經，若為人輕賤，是人先世罪業，應墮惡道。以今世人輕賤故，先世罪業，則為消滅，當得阿耨多羅三藐三菩提。

再說，須菩提，如果善男子、善女人受持讀誦此經，但又被人蔑視或欺侮，那是因為他們前世所做的惡業，理應墮落地獄、餓鬼、畜生三惡道，但由於今生受持讀誦《金剛經》，前世的惡業便得以減輕，所以，現在只是受人輕賤而已，屬於重罪輕報。否則，當業果成熟時，便要受惡報苦果了，而行者受持讀誦此經，更有助證得無上正等正覺。

須菩提！我念過去無量阿僧祇[9]劫，於然燈佛前，得值八百四千萬億那由他[10]諸佛，悉皆供養承事，無空過者。若復有人，於後末世，能受持讀誦此經，所得功德，於我所供養諸佛功德，百分不及一，千萬億分，乃至算數譬喻所不能及。

世尊告訴須菩提，回想我過去在因地修行時，那是無量阿僧祇劫以前的事，於然燈佛在世以前，我遇見了八百四千萬億佛，每遇一佛，我都作供養、奉事，沒有遺留。可是，如果把我於過去世供養奉

---

9 阿僧祇（梵文：asaṃkhya，是佛教一個數字詞，是不可計數的意思。阿僧祇劫，指無數劫。佛教中的劫（梵文：kalpa），在印度教及佛教宇宙觀術語中泛指一段極長的時間，也有翻譯為劫波或劫簸的，簡稱「劫」。

10 那由他（梵文：nayuta），也是數字詞，意思是億。

事諸佛的功德，與後世善男子善女人讀誦受持此經的功德相比較，我的功德不及他們的百分之一，乃至千萬或億分之一，甚至無法用數字來作任何譬喻。

須菩提！若善男子、善女人，於後末世，有受持讀誦此經，所得功德，我若具說者，或有人聞，心則狂亂，狐疑不信。須菩提！當知是經義不可思議，果報亦不可思議。

　　釋迦牟尼佛說，若於末法時代有發心菩薩受持讀誦這經，其功德之大，具如我之前所說，恐怕不會有人相信。因為眾生是多疑的，疑是五十一個心所煩惱之一，那是與生俱來的。佛再次叮囑須菩提，須知道這經的義理是言語所不能道，而修持的果報更是無法想像的。那功德在於行者由信生解，由解生行，離一切相，修一切善，最後證得無上正等正覺，再回航倒駕，普度眾生。

第四章

修行

（第十七至二十四分）

第一節
究竟無我分第十七

　　《金剛經》的緣起，乃由於須菩提向世尊提出一個問題：「應云何住，云何降伏其心？」佛陀為了解答這問題而展開了全經的論述。

　　來到了第十七分，須菩提又提出相同的問題，但有別於《金剛經》的前半部開示如何破外相，佛陀由第十七分開始，講述實無一法可得的實相。

爾時，須菩提白佛言：世尊！善男子、善女人，發阿耨多羅三藐三菩提心，云何應住？云何降伏其心？

　　須菩提在第二分「善現啓請分」首次提出這問題，現在到了第十七分，又再提出相同問題。但佛陀的開示，已由之前教發心菩薩認識外相之不可執，轉為現在之開示修心為要。須菩提重問世尊：「發阿耨多羅三藐三菩提心後，應如何住心，如何降伏其心？」究竟發心、住心、降心有何分別呢？

　　無論外相多麼眩目耀眼，眾生皆以眼耳鼻舌身去感受攝取，這都是現量體驗。佛法教人破執，除了要破外相，還要破內相，即如何降伏妄心。破外相，明白萬事萬物都是色受想行識等五蘊因緣和合而成，只是所緣境，所以是當體即空的。可是破了外相後，還得破內相。為甚麼呢？擾亂行者心識的是外相，是所執，是賊，而大家真正要對治的是那一顆能執的心，所謂擒賊先擒王，心就是賊王。那就是說，前十六分所說的，是要空現量的眾生相，而後半部《金剛經》的重點，在於把內心所呈現的相也要空掉，即要破除內心意識中的眾生相。若只破外相而不破內相，則仍是執破執之法，是為法執。這樣以

執着去破執，亦是無窮無盡的執法。

佛告須菩提，善男子、善女人，發阿耨多羅三藐三菩提心者，當生如是心，我應滅度一切眾生；滅度一切眾生已，而無有一眾生實滅度者。何以故？須菩提！若菩薩有我相、人相、眾生相、壽者相，即非菩薩。所以者何？須菩提！實無有法，發阿耨多羅三藐三菩提者。

　　世尊告訴須菩提，菩薩應該發無上正等正覺的心去度盡一切眾生，而不執着自己是能發菩提心者，不要執着「能度」、「所度」，不然，就是執着我相、人相、眾生相、壽者相，就是法執。行者應發「菩提心」，但不執着其為實有，要連法執也要空掉。

　　《金剛經》前半部教人破我執，離四相，而後半部則說破法執，如何發阿耨多羅三藐三菩提心而無所住，不執着佛法，因為「如來所說法，皆不可取、不可說；非法、非非法」。佛法可比喻為渡河舟，如要渡河，還是要乘船的，可是，渡河後就得捨船而去，把船放下。

須菩提！於意云何？如來於然燈佛所，有法得阿耨多羅三藐三菩提不？不也。世尊！如我解佛所說義，佛於然燈佛所，無有法得阿耨多羅三藐三菩提。佛言：如是如是。

　　我們前文已介紹過釋迦牟尼佛未成佛前的其中一世，曾身為儒童菩薩，供養然燈佛，並獲授記，傳授佛法。這裏，佛又再問須菩提，他在然燈佛那裏，真是有得法，成就無上正等正覺嗎？須菩提答道，沒有，如果我理解世尊所說的義理，世尊並沒有在然燈佛那裏所得法。世尊回應說，的確如此。須菩提果然是解空第一，他明白如有法可得，則是法執。

須菩提！實無有法，如來得阿耨多羅三藐三菩提。須菩提！若有法如來得阿耨多羅三藐三菩提者，然燈佛則不與我受記：汝於來世，當得作佛，號釋迦牟尼！以實無有法，得阿耨多羅三藐三菩提，是故然燈佛與我受記，作是言：汝於來世，當得作佛，號釋迦牟尼！

世尊繼續解釋道，絕對沒有一法可得，假如真有阿耨多羅三藐三菩提法可得，而我又執着於此法，然燈佛就不會與我授記了，因為執着這法，就不能成佛。就是因為我了知無有法可得，沒有能得法的心，也沒有心所得的法，所以然燈佛才為我授記，才能成就阿耨多羅三藐三菩提，佛號釋迦牟尼。

何以故？如來者，即諸法如義。若有人言：如來得阿耨多羅三藐三菩提。須菩提！實無有法，佛得阿耨多羅三藐三菩提。

何謂如來？如來是佛陀十個稱號之一。如來（梵語：tathāgata），tatha 的意思是「如」，意思為如同。Agata 意思是「來」。「如來」，即諸法如義，指的是遍一切處、一切時、一切法的真如理體。如者不變，來者隨緣。不變是其本體，隨緣是其相。不變是指其法身，如如不動，不隨緣起生滅，但會隨緣顯現千差萬別的生滅相。「如」就是乘真如之道來世間垂化的意思。真如法身是體性，如來如去，隨機應化，但不着相、不留痕，亦即「威儀寂靜分」第二十九中所說的「如來者，無所從來，亦無所去」。

如果有人說，世尊證得了無上正等正覺，那就是法執了。須知能所雙亡，無一法可得，「本來無一物，何處惹塵埃？」離一切相，本來的「自性」清淨體才會顯現。

正如永嘉大師《證道歌》云：「心是根。法是塵。兩種猶如鏡上痕，痕垢盡除光始現。心法雙忘性即真。」要心法兩忘，才叫真正得道。

須菩提！如來所得阿耨多羅三藐三菩提，於是中無實無虛，是故如來說一切法，皆是佛法。

世尊進一步解釋，為甚麼於阿耨多羅三藐三菩提法，實無有法可得。佛法是無實無虛的，佛在菩提樹下證得無上正等正覺時說：「一切眾生本皆如來智慧德相」，這如來智慧在聖不增，在凡不減，是為平等不二。當菩薩任運自然，行不住相布施時，就是真如在起作用，就是真實不虛。然而，一切法皆隨緣而生，隨眾生根器而變化，沒有定相，故此是無實的，不能說它是實實在在的有。正如永明智覺禪師所說：「一法千名，應緣立號，……若悟一法，萬法圓通。」名相很多，《楞嚴經》說「真如」、「常住真心」；《勝鬘經》講「如如」；在《大乘起信論》，那是「真如」；在《金剛經》，那是「實相」；《心經》說「諸法空相」；到了《涅槃經》，那是「佛性」；而禪宗經典稱之為「真心」，這些都應機而立的，是為無實。所以，如來無有一定法可說，一切法皆是佛法。

《六祖壇經》中說：「前念着境即煩惱，後念離境即菩提。」煩惱即菩提，菩提即煩惱，其實是一體兩面。開悟菩薩從空入假，不住相布施，不住相行六度波羅蜜，不住相度化一切眾生，隨緣而應，應時心不起波瀾，如如不動，應後如雁過無痕。對開悟菩薩來說，一切法仍然有生有滅，但都在其不執着上生滅，都歸入心中無所得的真如理體，體證妙有真空，我空、法空、空空。

那麼，為何一切法皆是佛法？佛在《觀無量壽佛經》中說：「諸佛如來是法界身，入一切眾生心想中。」又說：「心想佛時，是心即是三十二相、八十隨形好；是心作佛，是心是佛，諸佛正遍知海，從心想生。」這說明法界身是遍一切時、一切處、一切界，是無所不遍的，而心、佛、眾生，三無差別。是心作佛，是心是佛。《文殊般若經》說：「若善男子善女人，聞此甚深般若波羅蜜，不生怖畏，當知此人受佛法印。」能徹底清楚、明白證得這道理，就是開悟菩薩了。

須菩提！所言一切法者，即非一切法，是故名一切法。

接着，世尊又說他所說的一切法，即非一切法，為甚麼呢？因為心行處滅，言語道斷，語言文字一說，妄心即起，即是有縛，故不立文字。佛經上所說的一切法，只是應緣而生的相，其自性本空，所以無有一法可得。不是體性，明白這道理，才能體證一切法。

須菩提！譬如人身長大。須菩提言：世尊！如來說人身長大，則為非大身，是名大身。

佛又問須菩提，假如有人廣修福慧，得證福慧具足的勝應身，又例如，有菩薩圓滿萬行而成就報身，莊嚴無比。解空第一的須菩提即應機回答說，如來所說的這個具足莊嚴的報身、大身，是緣起之法，因緣和合而生，因緣分散而滅，沒有其自性，沒有其獨立體，所以即非大身，是空的、虛幻的、不是實有的。這大身是業力牽引而來的應身，隨相感應而現的，所以不可以滅色明空，不能說沒有大身。執有、執空皆是邊見，非中道義。

須菩提！菩薩亦如是。若作是言：「我當滅度無量眾生。」則不名菩薩。何以故？須菩提！實無有法，名為菩薩。是故佛說：「一切法，無我、無人、無眾生、無壽者。」須菩提！若菩薩作是言：「我當莊嚴佛土。」是不名菩薩。何以故？如來說莊嚴佛土者，即非莊嚴，是名莊嚴。

如果有菩薩說要度脫一切眾生，那就不是菩薩了。連佛法也不可以執着，更何況有法名為菩薩法？世尊說，所有法均離相而立。如有菩薩修行六度波羅蜜：布施、持戒、忍辱、精進、禪定、般若，或許再加方便波羅蜜、願波羅蜜、力波羅蜜、智波羅蜜，然後，把所有功德迴向莊嚴佛淨土，那就不是菩薩了。

　　從事相上來說，菩薩行六度波羅蜜，廣度一切眾生離苦得樂，的確可以說莊嚴佛淨土，但這些嘉言懿行，只是因緣所生法，性本無相，從「體性」上來說是空寂的，因為一切法，其體本空，無有一法是有其自性的。所以，沒有所謂的莊嚴佛淨土。更何況佛土本來莊嚴，何用行者再去莊嚴？然而，菩薩心性本空，於六塵等相一無所住，發心莊嚴佛淨土，不執着是否莊嚴，那就是莊嚴佛淨土了。

第二節
一體同觀分第十八

須菩提！於意云何？如來有肉眼不？如是，世尊！如來有肉眼。須菩提！於意云何？如來有天眼不？如是，世尊！如來有天眼。須菩提！於意云何？如來有慧眼不？如是，世尊！如來有慧眼。須菩提！於意云何？如來有法眼不？如是，世尊！如來有法眼。須菩提！於意云何？如來有佛眼不？如是，世尊！如來有佛眼。

（一）五眼：肉眼、天眼、慧眼、法眼、佛眼

　　這一分名為「一體同觀分」。一體即無二，沒有二體。如來證得獨一無二的實相理體，那是和眾生的實相理體無二無別的，實為一體，所以稱作一體同觀。

　　這一分中，世尊問須菩提，如來是否有五眼（梵語：pañca caksūjsi）：肉眼（梵語：mājsa-caksus）、天眼（梵語：divya-caksus）、慧眼（梵語：prajñā-caksus）、法眼（梵語：dharma-caksus）、佛眼（梵語：buddha-caksus）。須菩提都一一回答說如來五眼具足。

　　如來有肉眼，因為他是應化身，由父母所生，所以和凡夫一樣有肉眼。世間的凡夫有所知障和煩惱障，故肉眼看東西有所限制，太遠或太小的東西，又或被遮擋的東西都看不到。

　　如來有天眼，即天人的眼，即有天眼通，不受距離障礙而見色蘊。天眼從天上看人間，能穿牆透壁，通達無礙，亦能知道眾生現世及未來世的身體狀況。

　　如來有慧眼，那是二乘聖人（聲聞、緣覺）的智慧眼，能見我空

之理，了知諸法平等。發心菩薩持戒修福攝慧，就能修到慧眼。

如來有法眼，法眼是初地以上菩薩，破我、法二執證「無生法忍」後所得之眼，能觀一切諸法空之實相及其緣生緣滅之種種差別相。

如來有佛眼，以一切種智，圓證五眼，得六神通，應化眾生。《法華文句》云：「佛眼圓通，舉勝兼劣。又四眼入佛眼，皆名佛眼。」

《金剛經》前文曾說：「一切賢聖皆以無為法而有差別。」無論凡夫、賢位或聖位菩薩，修的都是無為智，但依其修行程度差異而有不同的成就，所以有五眼之別。《佛說無量壽經》曰：「肉眼清徹靡不分了。天眼通達無量無限。法眼觀察究竟諸道。慧眼見真能度彼岸。佛眼具足覺了法性。」一般欲界凡夫，僅有父母所生的肉眼；色界初禪天，可具肉眼而僅用天眼；聲聞緣覺在未入無餘涅槃時可有前三眼；初地以上菩薩可具四眼；唯佛果位，五眼具足。

佛陀以一大事因緣降生於世，這一大事因緣就是示現如何以凡夫之身，於娑婆世界即身成佛。佛陀於菩提樹下夜睹明星，突然豁然開竅，大徹大悟而嘆曰：「奇哉！奇哉！一切眾生皆具如來智慧德相，只因妄想執著，不能證得。」

這一分說明，生佛同體，心、佛、眾生，三無差別。發心菩薩次第修行，以無為法為體，有為法為用，可以精進地由凡夫的肉眼起修，直至證得佛眼。《華嚴演義鈔》曰：「為道養生，先修肉眼。肉眼見粗，不能見細等，次修天眼。天眼見色，未見真境，故修慧眼。慧眼見理，未能見事，故修法眼。法眼未圓，故修佛眼。」又《大智度論》曰：「菩薩摩訶薩初發心時。以肉眼見世界眾生受諸苦患。心生慈愍。學諸禪定修得五通。以天眼遍見六道中眾生受種種身心苦。益加憐愍故。求慧眼以救濟之。得是慧眼已，見眾生心相種種不同。云何令眾生得是實法。故求法眼引導眾生令入法中，故名法眼。」

須菩提！於意云何？恆河中所有沙，佛說是沙不？如是，世尊！如來說是沙。須菩提！於意云何？如一恆河中所有沙，有如是等恆河，是諸恆河所有沙數佛世界，如是寧為多不？甚多。

須菩提，你認為如來說法時，有以恆河沙作譬喻嗎？須菩提回答說，有的。接着，佛陀為了說明佛世界之多，以恆河中的沙數作譬喻。他說，假如以恆河中一粒沙來代表一條恆河，佛世界的數量就是有如恆河中所有沙的數量。佛再問須菩提，這樣你認為佛世界多嗎？須菩提回答說，非常多。

世尊！佛告須菩提：爾所國土中，所有眾生若干種心，如來悉知。何以故？如來說諸心，皆為非心，是名為心。

佛又告須菩提，在當時如恆河沙那麼多的國土中，每一眾生的心念是千差萬別的，但如來都知道他們心中的所有想法。為甚麼呢？如來所說的「諸心」，是指其相，亦即眾生的妄心。這些妄心，如來皆能以其大圓鏡智一一知悉，妄心是因緣所生法，刹那生滅，當體即空，所以是「非心」。但眾生的心識只是外相各異，其體性是相同的，且與如來證得的實相真理同體，「是名為心」。

（二）眾生心皆妄心

我們念阿彌陀佛聖號，每念一字，心識都有生滅。心的相續是等無間緣（梵語：samanantara-pratyaya）[1]。等是相等、同等之意，指在心識上之刹那變化，前念已滅，後念又生起，相續無間，次第生成。所以前念是後念的等無間緣。除了阿羅漢在入涅槃前的最後一念能斷除之外，一切眾生都不會斷絕心念相續。

所以，當心中生起一字後，必須要離開它，才會生起下一字。也就是說，「阿」字這個前念是後念「彌」字的等無間緣。如是者，念

1　世親著，玄奘譯：《阿毗達磨俱舍論》卷七：「等無間緣，除阿羅漢臨涅槃時最後心心所法，諸餘已生心心所法，是等無間緣性。此緣生法，等而無間，依是義立等無間名。由此色等皆不可立等無間緣，不等生故。」

頭不斷的在剎那間生滅相續。妄心一念中有九十剎那，一個剎那中有九百個生滅，那是一閃即逝的過程，相信現代科學亦難以用機器來量度它的速度。每一個念頭的生滅，都是因緣所生法。無論是「阿」字或「彌」字的生起，都是由眾多因緣所成就的，即無數生滅就有無數的因緣。所以，心本非實有，當體即空，「皆為非心」。

《景德傳燈錄》載有毗舍浮佛[2]一則偈頌：「假借四大以為身，心本無生因境有，前境若無心亦無，罪福如幻起亦滅。」身是四大假有，心是着境而生。如不執着境，就不會生心，但着境的過程很快，快到大家執着了也不自知。執着後，我們會激烈地把自己的感覺表達出來：哭、怒、瞋、畏、憍、諂、誑、妒忌、愚痴，甚或殺、盜、淫、妄。這些都是眾生對境生心，而從念頭產生的情緒，是因緣所生法，所以都是非心。

儘管如此，如來的大圓鏡智能照見眾生剎那生滅的種種心識。正如傅大士偈云：「佛眼如千日，照異體還同。圓明法界內，無處不含容。」[3]佛就如同一千個太陽，可以觀照芸芸眾生剎那生滅的心念。如來的清淨智慧，亦可譬喻為一面光明無量的圓鏡，可以照見一切眾生的心。

所以者何？須菩提！過去心不可得，現在心不可得，未來心不可得。

佛教有「三心俱不可得」之論。前文已解釋了眾生心是妄想心，而且是因緣所生法，當體即空，所以皆為非心。在這剎那生滅的相續心中，念頭轉瞬即逝。眾生皆妄想紛飛，卻又念念相繼。我們不可能捉得住遷流不息的念頭，因為在無意識間，前念已滅，後念已生。無

2　毗舍浮佛（梵語：Viśvabhu），又譯為毗舍婆佛、毗濕婆、攝羅等，意譯為遍現佛、全現佛，是過去七佛的第三佛。

3　《銷釋金剛科儀會要註解》卷六，《卍新纂續藏經》，第二十四冊，號零四六七，頁九十五。

論在過去、現在、未來，意識都沒有停留處。所以，如說過去，過去已滅；如說未來，未來未至；如說現在，現在不住，是為「三心俱不可得」論。

慧可法師是中國禪宗二祖，得初祖達摩祖師一語點破，當下開悟，並繼承其衣缽。相傳達摩祖師在嵩山少室山石洞面壁，是時，僧人神光聞風而至，求授諸佛無上微妙法教。惟達摩於閉關期間，未予訓誨。神光遂徹夜跪立雪中，一時心焦，揮刀自斷左臂，曰：「我心未寧，乞師安心。」達摩呵斥曰：「將心來，與汝安！」神光曰：「覓心了不可得。」摩曰：「與汝安心竟。」神光頓時大悟。其後，達摩祖師賜名慧可，而禪宗亦在中土一花開五葉，發展出為仰、臨濟、曹洞、雲門、法眼五宗。

相信佛教徒對這故事都耳熟能詳，但究竟二祖為何一聽「與汝安心竟」即突然大徹大悟？祖師問他拿心來，他卻遍尋不獲。究竟心在哪裏呢？

正如《金剛經》此處所說「過去心不可得，現在心不可得，未來心不可得」。我們的心識念念相續，一晃而過，如白駒過隙，心又何處去覓？

達摩祖師以「文字般若」去破解慧可求法的迷津，慧可法師以「觀照般若」，得出「覓心了不可得」的見地，當下即被祖師的「與汝安心竟」一語道破，頓時豁然開朗，恍然大悟。

以資談趣，另舉一則關於「三心不可得」的禪門公案。話說唐朝有一位德山禪師[4]，他精研《金剛經》，著有《青龍疏鈔》，為《金剛經》所寫的一百二十卷註解。當時，禪宗盛行於南方，德山禪師對此大不以為然，以「不立文字，教外別傳，直指人心」之說為邪法。於是便決定挑着《青龍疏鈔》，向湖南澧陽出發，希望可以破斥邪說，以報佛恩。

4　《五燈會元》卷七。

　　途中他遇上一以賣餅為生的婆婆，婆婆問明德山大師到南方的原委，便出了一道試題考他。她說：「《金剛經》說：『過去心不可得，現在心不可得，未來心不可得。』不知上座要點哪一個心？」德山大師當下呆立，愕然不知所對，就知道禪宗厲害之處，問明婆婆師承龍潭寺的龍潭禪師，馬上趕赴當地，拜倒門下。

　　《金剛經心印疏》中有一偈曰：「三際求心心不有，心不有處妄緣無。妄緣無處即菩提，生死涅槃本平等。」

　　三際即過去、現在、未來。凡夫往往以為有我，有個常住真心。殊不知那只是我們根塵和合、對境而生的虛妄之心。如要三際求心，實了不可得。但凡夫妄想執着以為實有，不斷去追悔過去，擔心未來，當下轉瞬即逝而不知，一切都只是所緣境而已。

　　接下來的問題是，修行人又應如何修心呢？偈中第二句云：「心不有處妄緣無」，既知一切只是緣影，是虛妄不實的，就不應再執着妄緣，觀空一切。若心不斷隨六根去攀緣六塵，自然不會安樂。我們要都攝六根，使念念相續的心清淨下來。

第三節
法界通化分第十九

須菩提！於意云何？若有人滿三千大千世界七寶，以用布施，是人以是因緣，得福多不？如是，世尊！此人以是因緣，得福甚多。

世尊問須菩提，如果有不執着過去、現在及未來的人，以滿三千大千世界的七寶去布施，他所得的福德多嗎？須菩提答道，甚多。這人不執着於三際，以無相布施，自然得福甚多。

須菩提！若福德有實，如來不說得福德多，以福德無故，如來說得福德多。

世尊回答說，假如這福德是可量可數的，那就是有漏的福德，始終是有限的，所以就不算是福德甚多。相反，若明白福德是空的，是因緣所生法，沒有其自性，則福德就像虛空一樣是無限量的。意思是，如果行者無相布施，觀一切法空，不執着福德，這樣才叫福德甚多。

第四節
離色離相分第二十

須菩提！於意云何？佛可以具足色身見不？不也，世尊！ 如來不應以具足色身見。

世尊問須菩提，可以看到具有圓滿色身的佛嗎？須菩提回答說，不可以。我們不可以於色相上看到法身佛。

色身即是色相，是眼睛可以看見的色法、色塵。具足是完全圓滿的意思， 而「具足色身」是指如來具足三十二相的報身「總相」。句中的「如來」是指法身佛。眾生只可以肉眼看到佛的應化身，卻無法看到佛的法身。

何以故？如來說具足色身，即非具足色身，是名具足色身。

為甚麼呢？因為佛莊嚴的外相，是歷劫福慧雙修而成就的報身，然而，無論報身如何圓滿，仍然是因緣所生法，緣生則有，緣滅則無，是短暫的，性空的。《金剛經》亦有言曰：「凡所有相，皆是虛妄。」莊嚴外相也只是相而已，而非如來的法身空有不二。所以，如來法身是不可以於報身上看到的。

須菩提！於意云何？如來可以具足諸相見不？不也，世尊！如來不應以具足諸相見。何以故？如來說諸相具足，即非具足，是名諸相具足。

須菩提，你認為如何呢？法身如來是可以於應身佛的種種隨形好

相上見到的嗎？須菩提回答說，不可以。為甚麼呢？因為若說種種隨形好相，那只是外相，而非佛的真實法體。佛的法身是無相的，等同虛空，無所不在。

這裏所指的「具足諸相」是佛的「別相」，而前文所說的「具足色身」是指報身的「總相」。以觀佛為例，總相乃色身的整體，別相為色身的某一部份，例如：眉間白毫、頭肉髻。

如前所述，應身佛的種種隨形好相都是因緣所生，按「凡所有相，皆是虛妄」的定律，體相有別，故不能從相上觀佛的體性。亦如前述，若心一着相，清淨無染的法相便無法顯現。行者若能觀一切相當體即空，離一切相，行一切善，才能做到「應無所住而生其心」，領悟「即空即有，非空非有」的道理，那就是「名諸相具足」。

第五節
非說所說分第二十一

須菩提！汝勿謂如來作是念：我當有所說法。莫作是念！何以故？若人言如來有所說法，即為謗佛，不能解我所說故。

　　須菩提，你不要認為佛有起心動念去說法的這個念頭。為甚麼呢？如果有人這樣說，就是毀謗佛，不真正解悟我所說的義理。

　　前一分開示佛相須空，這一分點破法相亦須空。然而，這並不是勸人不要學佛。佛法仍然是無邊誓願學的，我們必須從文字般若入手，經過觀照般若，才能達到實相般若。可是，學佛法而不要執着佛法。正如行者必須乘船才能到彼岸，但到岸後，就得捨棄那船。

須菩提！說法者，無法可說，是名說法。

　　如來說法，乃指說法的相，而實際上「無法可說」，因說法之事亦是因緣所生法，當體即空。可是，如來雖然「無所說」，眾生卻可以隨相而證佛理，「是名說法」。

　　如來無法可說，是因為他性本體空寂，離一切念，所以，又如何有法可說呢？離一切念，就是離四相，離我見，已經把我相、人相、眾生相、壽者相、我慢、我見、我愛、我痴等都一一徹底空掉了。一切可言可說的皆是虛妄。

　　《心經》中所說「無智亦無得，以無所得故」的義理，與這裏「無法可說」有異曲同工之妙。甚麼是無智亦無得？「智」是指六度萬行的般若智，是能觀的觀智。「無智」的意思是，行者亦須觀空六度萬行，因為那是因緣所生法，是空的。「無得」是指法空，根本沒

有所觀的道理。「無智亦無得」全句的意思是，沒有能觀的般若智，亦沒有所觀的道理，是為諸法皆空。佛法是要學的，但那只是治病之良藥，藥到病除後，就不能再執着於藥物了。所謂「渡河當用筏，到岸不須舟」，就是這道理。

為甚麼「以無所得故」？菩薩修行如果「心有所得」，即不能與般若真空的道理相應，因為清淨圓明的般若心中，應是纖塵不染的，否則，便不會達到「究竟涅槃」。行者稍有「有所得」的想法，即成般若性空的大障礙。

《金剛經》有云：「實無有法，佛得阿耨多羅三藐三菩提。」佛弟子不單要空掉所觀境，連能觀智也要空無一物，才算進入修行的境界。

神秀大師詩偈云：「身是菩提樹，心如明鏡臺，時時勤拂拭，勿使惹塵埃。」他的見解是，行者必須時常拂拭洗滌自己的身心，不讓它蒙垢塵封。時常修六度萬行：布施、持戒、精進、忍辱、禪定、般若，目的是讓自己不沾上煩惱，讓心鏡大開圓解，對神秀大師來說，既有能觀智，也有所觀境，認為這樣修行就可證覺成佛。

但六祖惠能說：「菩提本無樹，明鏡亦非臺，本來無一物，何處惹塵埃？」本來就沒有我能觀之智，也沒有所觀之境，又何來塵埃呢？我們的般若智了知諸法皆空，一切都是因緣所生法，所以，本來無一物，故亦無所得。自性本自圓滿，纖塵不染，實相本具一切功德智慧，只是凡夫迷而不知，不是前無而今忽有，更非從外得來，而是像《心經》中所說：「不生不滅，不垢不淨，不增不減。」

舉例而言，我們一按電掣，接通電源，燈泡便亮了、發光了。一關電源，燈便暗了，光也滅了。這光的生滅是它的外相，而其體性是那能通電發光的本質。燈泡是有生滅相，但它的體性是不生不滅的。

又譬如，光照在河水中，能照出河水的清澈，也能照見水的污濁，水的垢淨是其外相，光本身是不垢不淨的體性。

又譬如，有人挖了一個地洞，但無論地洞有沒有挖成，那空間本來就在那裏，它不會因那地洞而增加一分，也不會減少一毫。

爾時，慧命須菩提白佛言：世尊！頗有眾生，於未來世，聞說是法，生信心不？佛言：須菩提！彼非眾生，非不眾生。何以故？

須菩提因已有慧眼，可以照見諸法皆空，故又名慧命須菩提。當時須菩提向佛說，於未來世如有眾生聽聞這經，能否生起信心呢？因為如善根不夠深厚，便不會生起信心，有些還會生起驚、怖、畏。

佛告訴須菩提說，如有眾生深植善根，聞此經而生信，則該眾生已是發心修學阿耨多羅三藐三菩提的菩薩，而不是一般凡夫。他們已於無量劫、千萬佛前所種諸善根，是可以不斷修行而成佛的，所以「彼非眾生」。可是他們又未修到圓滿的法身，仍未能脫離凡夫身，所以「非不眾生」。

須菩提！眾生眾生者，如來說非眾生，是名眾生。

所謂眾生，是因緣和合而成，當體即空。我們現在看他的相是眾生，是假名為眾生，但他們本具如來智慧德相，於未來世必將成佛。

關於這一段共六十二個字的經文，據悉，姚秦三藏法師鳩摩羅什翻譯的《金剛經》，是有所遺漏的。這段是按魏朝菩提流支三藏法師的《金剛經》譯本所後加的。

為甚麼能斷定《金剛經》原文是有這一段呢？話說無著菩薩到兜率天請彌勒菩薩開示《金剛經》的義理，後依照其教造論作釋，寫成《彌勒菩薩八十偈》以教後世。魏朝的譯本是根據彌勒菩薩註解《金剛經》的偈頌本而造的，而於《彌勒菩薩八十偈》中，有一偈與上述經文相合。

有人猜度鳩摩羅什譯本遺漏的原因，是因為梵文本是從千里以外的印度送到中國，不但路途遙遠，而且，文本是寫在貝多羅樹葉上，而不是寫在紙上，途中貝葉書有所破損或毀壞，是不足為奇的。

　　另外，還有一則關於這後補六十二字的傳說，可供參考。話説，唐代長安大興善寺的住持靈幽法師，忽然暴斃，到了陰曹地府，受閻羅王審問。閻羅王問他，在世時如何修行。法師回覆説，在世的時候專誦《金剛經》。閻羅王於是請法師誦一遍來聽。誦完之後，閻羅王説少誦了一段，於是委派一個任務，就是讓他重返人間，前赴濠州鍾離寺（位於今之安徽省鳳陽縣）去查證，因該寺有一個刻有完整《金剛經》經文的石碑。經查證後，便將這一段經文稟奏皇帝，請皇帝重新修正《金剛經》。閻羅王還説，法師完成了任務。以此功德，增加陽壽十年。

第六節
無法可得分第二十二

須菩提白佛言：世尊！佛得阿耨多羅三藐三菩提，為無所得耶！

　　須菩提稟告釋迦牟尼佛，佛證得阿耨多羅三藐三菩提，是無所得。

　　須菩提於此已悟到，根本沒有菩提法可得。須菩提如理思惟，如理修行，離一切相，修一切善，空掉能所，終於透徹法空的道理。

如是！如是！須菩提！我於阿耨多羅三藐三菩提，乃至無有少法可得，是名阿耨多羅三藐三菩提。

　　佛說，正是如此，我於無上正等正覺法，甚至其他少許的法，終究是無所得。因為所說的無上正等正覺法，只是法相而已，如我執着這法相，就是執着顛倒妄想，就無法證悟。唯有了知無法可得，才能證得無上正等正覺。

　　如來所說法，體性本自空寂，是離文字相、離心緣相、離念的。所以，是無有一法可得。文字不過是用來傳達佛法的工具而已，行者執着文字般若，亦屬執着。只要有念頭，就是妄念，就與佛相違。

　　如果說有人執着要往生西方極樂世界，那麼，貪心成佛也是法執，擇善固執也是執着。而《金剛經》所說的義理是無相的，是最上乘之法，但那只是協助大家成佛的船，到了彼岸，就必須把船放下，否則，就上不了岸。

第七節
淨心行善分第二十三

復次：須菩提！是法平等，無有高下，是名阿耨多羅三藐三菩提。以無我、無人、無眾生、無壽者，修一切善法，則得阿耨多羅三藐三菩提。

佛陀再次強調，這個無上正等正覺之法，是實相般若平等的理體，眾生本來就具足，而且並無絲毫欠缺。這個平等理體，是無有高下，在凡不增，在聖不減的。那凡夫本來具足的實相般若平等的理體，只是一時被無明、煩惱所障蔽，像一面被蒙塵的鏡子，它的反光性能並沒有受影響，所有鏡子的反光性能都是一樣平等的。

行者若能斷煩惱、破無明，離一切相，不執著任何境界，證得般若實相，諸法不生，是為無生法。諸法不生，妄境亦不生，是為無生生[5]。法本無生，性亦無生，假名為生，實際上是諸法不生。妄念不生，諸法不生則般若生。這個平等理體就會顯現。

此處所指的善法，並非世間的有漏善法，而是出世間無漏的善法。行者必須不離佛法去修善。離開佛法而修善，便不是出世間法。

須菩提！所言善法者，如來說非善法，是名善法。

《金剛經》開示行者要依體起修，離一切相，修一切善，佛又恐怕我們執著善法的相，所以，馬上強調，如來所說的善法，即非善法。這善法是空的，是因緣所生法，是無自性的，所以當體即空。行者須了知無善法可得，不執著善法，即空即假，超越二邊，不著相而行善，才是真實無漏的善法。

5　諸佛已無生死，但為了度眾生，無生而生，非滅示滅。參見《佛學常見辭彙》，頁二五七。

第八節
福智無比分第二十四

須菩提！若三千大千世界中，所有諸須彌山王，如是等七寶聚，有人持用布施。若人以此般若波羅蜜經，乃至四句偈等，受持讀誦，為他人說，於前福德，百分不及一，百千萬億分，乃至算數譬喻所不能及。

世尊告訴須菩提，假設有人以三千大千世界中，所有須彌山王那麼多的七寶，包括金銀、琉璃、硨磲、瑪瑙、珊瑚、琥珀、真珠等堆積起來，去行布施，他布施的福德與受持讀誦這《金剛經》四句偈，或為其他人解說這經的福德相比，前者的福德不及後者的百分之一，甚至百千萬億分之一，那福德之大是無法衡量和譬喻的。

須知，三千大千世界中有一百億個小世界，而每一小世界就有一個須彌山王。那麼，三千大千世界中就有一百億個須彌山王。每個須彌山王，從其浮出水面上計算，就有八萬四千由旬那麼高。此處以三千大千世界所有須彌山王的高度，用極言譬喻以布施的寶物為多。為甚麼呢？因為就算以無量多的七寶布施，那只是人天有漏福德，總有享盡的一天，而受持讀誦《金剛經》，哪怕只是一小段經文，那是出世間的無漏福德，是無窮無盡的解脫果報。所以，以七寶布施的福德，是無法與受持般若智慧的福德相比的。

（一）功德六喻

《金剛經》全文共用了六個比喻去較量持誦此經的功德。

第一次，在第八分，以「滿三千大千世界七寶以用布施」來作比較。

第二次，在第十一分，以布施「七寶滿爾所恆河沙數三千大千世界」來作較量。

第三次，在第十三分，以布施「恆河沙等身命」來相計量。

第四次，在第十五分，以「初日分以恆河沙等身布施；中日分復以恆河沙等身布施；後日分亦以恆河沙等身布施」作比較。

第五次，在第十六分，佛陀以自己過去無量劫以來因地所修諸功德、恭敬承事八百四千萬億那由他諸佛的功德，來作比較：「我念過去無量阿僧祇劫，於然燈佛前，得值八百四千萬億那由他諸佛，悉皆供養承事，無空過者。」

第六次，到了這第二十四分，佛陀以「三千大千世界中，所有諸須彌山王，如是等七寶聚」作布施相較量。

前面所較量的纍纍功德，包括每天三次以恆河沙等身布施，以及佛在因地於古佛前恭敬承事的功德，都比這次布施「三千大千世界中所有諸須彌山王，如是等七寶聚」為大，為何較量會愈比愈小？

（二）發心畢竟二不別，如是二心先心難

《大般涅槃經》有云：「發心畢竟二不別，如是二心先心難。」意思是，最初發心和究竟成佛的心本來是無二無別，平等一體的，但由於因果相應，假如沒有最初的發心為因，就沒有修行菩薩道的緣，也沒有後來成佛的果。所以，兩心相比，最初生一念淨信、發一念菩提心較究竟成佛的心更難能可貴，所以亦以前者功德為大。

第五章

證果

（第二十五至三十二分）

第一節
化無所化分第二十五

須菩提！於意云何？汝等勿謂如來作是念：我當度眾生。須菩提！莫作是念！何以故？

佛告訴須菩提，你們不要以為我有「度眾生」這個念頭。須菩提，你不要這樣想。為甚麼呢？

實無有眾生如來度者。若有眾生如來度者，如來則有我、人、眾生、壽者。

佛說，我了知實在沒有眾生可度。如果我以為有眾生可度，就是着了我、人、眾生、壽者等四相。

須菩提！如來說有我者，即非有我，而凡夫之人，以為有我。

佛再告訴須菩提，如來已沒有我的執念，如果說有我，那只是指我的相，而非真的有我。凡夫因為有我執，所以認為真的有我。

須菩提！凡夫者，如來說即非凡夫，是名凡夫。

須菩提，如來所說的凡夫，只是假名，而他的體性實際上並非凡夫，認識這一點才能明白其為凡夫的實相。

來到第二十五分，我們此前已完成討論信、解、行三個部份，現在進入第二十五分至三十二分證悟的部份。

《金剛經》不斷強調無有一法可得，又如何有佛可證呢？六祖惠能聽了《金剛經》「應無所住而生其心」一句，便馬上開悟，而這一句的意思，就是教我們菩提心是要發的，還是要廣度眾生，修行還是要繼續的，但要無所住，即離相而發心，離相而修行，不執着四相、人我、能所而發其心。行者一旦起心動念有我，執着有眾生可度，有佛果可成，便與《金剛經》的義理相違了。

眾生是性空的，是五蘊所組成，都是因緣所生法，緣聚則有，緣滅則無，當體即空。凡夫因一時無明，被煩惱覆蓋而迷失，才會逐妄隨緣，未能了脫生死，所以才暫時當了凡夫。在體性上來說，心、佛、眾生三無差別，他們都本自具足如來般若智慧，眾生與佛無二無別。所以，只要發心修行度眾生，就已走在菩提道上，是初發心菩薩，而不是凡夫。在一真法界裏，佛並沒有度眾生，否則，就不成其為一真法界了。行者若證得阿耨多羅三藐三菩提，是不會向人說已證道，因為這樣一說，就是着了人相、我相、眾生相、壽者相，就是非法了。

佛出世時，一手指天，一手指地，即作獅子吼：「天上天下唯我獨尊。」但這裏所指的「我」，不是妄計人我的「我」，而是人我皆空、人我為一的「我」；而這「唯我獨尊」的「我」，也不是指那當體即空的我相，「獨尊」指的是生佛平等的佛性。

第二節
法身非相分第二十六

須菩提！於意云何？可以三十二相觀如來不？須菩提言：如是！如是！以三十二相觀如來。

　　須菩提，你認為如何呢？可以觀想佛的三十二相嗎？須菩提回答道：的確，應觀想佛的三十二相。可是，須菩提給出的答案，馬上就在下文受到詰問。

　　《金剛經》於第五分述及世尊考問須菩提：「可以身相見如來不？」至第十三分，世尊又問：「可以三十二相見如來不？」前文是問「能否見」，而這一次則問「能否觀」。「見」是「眼見」；「觀」是「心觀」，依觀而生意識。六根所應的形相，會在意識中一再生起，不分晝夜，沒有時限。前文所言「見」，是指辨明粗相，而後者所言「觀」，乃要降伏心中的細相。

　　《觀無量壽佛經》有云：「諸佛如來是法界身，遍入一切眾生心想中，是故汝等心想佛時，是心即是三十二相，八十隨形好，是心作佛，是心是佛。諸佛正遍知海，從心想生。」佛陀教導聲聞緣覺二乘行者，要於心中觀想佛的三十二相莊嚴，以佛身作為觀想的所緣境，即能與佛心心相印，是心作佛。

　　行者如能時常觀想佛相莊嚴，自然能制心一處，減少妄念。而且，人人皆有佛性，不假外求，須從心覓。一般人看見美麗的東西，便會被吸引。六根與外境六塵接觸，一時被迷惑，對境生心，產生愛惡而生煩惱，造種種業，因而受報流轉生死。這就好比人的六根為公司前台的銷售人員，接觸外在世界，然後把信息傳達給後台的經理，讓他去思惟分析，制定行動方向。所以擒賊先擒王，我們先要管好後

台經理，即我們的心，才可以降伏妄念。

有人或會說，假如我們閉上眼睛，摀着耳朵，是否就能不受六塵污染而不起妄心呢？答案是不可以的。心一旦着相，就會為境所轉，妄念即使在緊鎖六根時也會生起，在夢中也會生起。所以，修行必須管好自己的六根門頭，通過內觀去覺察心識，從心念上修行。

佛言：須菩提！若以三十二相觀如來者，轉輪聖王即是如來。須菩提白佛言：世尊，如我解佛所説義，不應以三十二相觀如來。

世尊解釋説，如以三十二相觀如來，那麼轉輪聖王就是如來。於是，須菩提向佛説，世尊，如果我理解佛的説法義理，是不應以三十二相觀如來。

轉輪聖王是世間最有福報的皇帝，因為他行仁政，以十善法來教化千萬子民。十善法就是不殺生、不偷盜、不邪淫、不妄語、不綺語、不兩舌、不惡口、不貪、不瞋、不痴。欲界本來就貪欲橫流，人人都離不開財、色、名、食、睡，能出一個行十善的聖君，是十分罕見的。佛經上説，轉輪聖王要到世人壽命八萬四千歲時才會出現，統轄四天下。我們現在是減劫，以一百年計人壽減一歲，直到人壽十歲，才又再回復一百年增壽一歲，當增到人壽八萬四千歲，才會有轉輪聖王出現人間。轉輪聖王的福報，除了財寶豐盈外，還有三十二相好。那就是説，轉輪聖王和佛一樣，因歷劫修善法而得相好莊嚴。如單憑這三十二相來衡量，那麼轉輪聖王就是如來了。可是，這三十二相也是因緣所生法，本無自性，當體即空。經佛陀這麼一解説，須菩提馬上明白了，我們當然不能以三十二相觀如來。

爾時，世尊而説偈言：若以色見我，以音聲求我，是人行邪道，不能見如來。

那時，世尊就説了以上這膾炙人口的佛偈，假如你認為有三十二

相就是佛,想以色相見我,認為能以聲音說法的就是佛,想以聲音見我,那麼,你就着相了,終究不解佛旨,不能見如來。

其實,那三十二相不過是色法,那宣講佛法的音聲也只是六塵之一。行者如執着六塵來妄想見佛,就是走上歪路了。不過,佛菩薩以種種善巧方便度眾生,順應眾生的根器而說三乘法教,亦為吸引善信生起信解,而示現佛教的莊嚴,佛身的圓滿。所謂「先以欲勾牽,後令入佛智」,所以佛堂都是莊嚴肅穆,整潔雅致,法師的唱頌都是聲音繚繞,鼓樂齊鳴。那不叫着相或行邪道,而是為了善巧方便度眾生。

《金剛經》一直以來都在教我們破我執、法執、空執。第四分開示「不住色布施,不住聲、香、味、觸、法布施」,教我們不要着六塵的相行善。第五分提到「不可以身相得見如來」,第七分說「無有定法如來可說」,到了第十分,就指出「應無所住而生其心」,到了第十四分,舉忍辱仙人的故事,教導我們要「無我相、無人相、無眾生相、無壽者相」,這些《金剛經》的名句,都是指出不要着六塵的相,要離相而行六度波羅蜜,應無所住而生其心,即理解空中妙有而不要墮入斷滅空。

第三節
無斷無滅分第二十七

須菩提！汝若作是念：如來不以具足相故，得阿耨多羅三藐三菩提。須菩提！莫作是念：如來不以具足相故，得阿耨多羅三藐三菩提。

佛陀告訴須菩提，如果你以為如來不執着相，即空掉一切法，才證得阿耨多羅三藐三菩提，那就不對了。你不要有這個念頭。如來並不是離一切相，才得到無上正等正覺的。

世尊教須菩提要連「離相」這些念頭也要空掉。因為一旦有這想法，就是起心動念，執着了要空掉一切這想法，就落入執空，墮入諸法斷滅的邪見。

外道學說中共有六十二種邪見（梵語：為 mithyā-dṛṣṭika），其中有兩個根本大邪見：「常見」和「斷見」。常見者認為世間與我常存，人死後，來生還是會重得人身，永遠當人；斷見者認為，人死如燈滅，死後一無所有，撥無因果，這是違反因果律的。所以，執着有，容易墮入常見；執着空，容易墮入斷見。

《金剛經》前半部花了很多篇幅勸人不要着相，要破執，就是要斷有見。可是把有見斷了，也不要走向另一極端起斷見，墮入另一泥淖中。

佛教説「空」，並不是説事物不存在，不是指甚麼也沒有的意思，而是指萬事萬物都是依他而有的，是按「緣起」法則而來的，而本身並沒有獨立性。所以是「彼有故此有，彼生故此生；彼無故此

無，彼滅故此滅。」[1]

須菩提！若作是念，發阿耨多羅三藐三菩提者，說諸法斷滅相。莫作是念！何以故？發阿耨多羅三藐三菩提心者，於法不說斷滅相。

　　須菩提，你如果以為，持諸法斷滅之見解，才可以證到阿耨多羅三藐三菩提，那就錯了，千萬不要這樣想。為甚麼呢？發了無上菩提心的人，是不會告訴人諸法斷滅的。

　　如果發心菩薩認為諸法斷滅，就會偏向空的邊見，那是邪見，這一定不是正確的見地，便不會在因地修菩薩道了。

第四節
不受不貪分第二十八

須菩提！若菩薩以滿恆河沙等世界七寶布施。若復有人，知一切法無我，得成於忍。此菩薩勝前菩薩所得功德。須菩提！以諸菩薩不受福德故。

佛告須菩提，假如有菩薩以無量的七寶作布施，數量之多，足以填滿恆河沙數般的三千大千世界。又有另一菩薩，知道諸法無我，得到「無生法忍」。兩者比較之下，後者的功德勝過前者。

忍有三種：生忍、法忍、無生法忍。

所謂「生忍」，亦名「眾生忍」，是初發心菩薩修習六度萬行中之「忍辱波羅蜜」，遇逆境時，慈心柔軟，以智慧觀照，體認因果定律，以沉默折服惡口，保持心平氣和；遇人嫉妒時，寬容對待，以慈悲抵銷怨恨；受毀謗時，謙讓順受，以無我化解禍害。就像前面經文說的忍辱仙人一樣，雖被歌利王節節肢解，都不生瞋恨。這是修無我功夫到家，對境不生心的緣故。

彌勒菩薩有一忍辱偈：「老拙穿衲襖，淡飯腹中飽；補破好遮寒，萬事隨緣了。有人罵老拙，老拙自說好；有人打老拙，老拙自睡倒。涕唾在面上，隨他自乾了；我也省力氣，他也無煩惱。這樣波羅蜜，便是妙中寶，若這知消息，何愁道不了。」這首詩偈是由唐代國清寺僧拾得轉述，很多人就是依着這忍辱偈來修行的。偈中說彌勒菩薩的生活很簡單，穿的是百衲衣，破了就縫縫補補，能夠禦寒就好。吃的是粗茶淡飯，能夠飽腹就好。有人罵他，打他，用唾沫吐他，都只說很好，不會費力去諍論，一切隨緣，不生煩惱。修這樣的忍辱波羅蜜，便是妙中寶。

明朝憨山大師亦有一首《勸世文》，當中亦提及忍辱。現節錄幾句詩文：

紅塵白浪兩茫茫，忍辱柔和是妙方，到處隨緣延歲月，終身安分度時光。

休將自己心田昧，莫把他人過失揚，惹禍只因搬口舌，招愆多為狠心腸。

是非不必爭人我，彼此何須論短長，吃些虧處原無礙，退讓三分有何妨。

生前枉費心千萬，死後空持手一雙，悲歡離合朝朝鬧，富貴窮通日日忙。

休得爭強來鬥勝，百年渾是戲文場，頃刻一聲鑼鼓歇，不知何處是家鄉。

　　無論富可敵國或貧無立錐之人，都有生命終結的一天，人生的悲歡離合就像是一場戲，落幕時，又會投生何方世界呢？所以，還有甚麼值得爭辯是非、論說長短？

　　所謂「法忍」，是指對世間事物的忍辱，例如，寒、熱、飢、渴等無情之法，都能擾亂行者的身心，例如天氣酷熱或嚴寒，或生活資源上的匱乏，都會成為修道的考驗，行者要用智慧觀照，安心辦道，所以要忍辱。

　　第三個叫做「無生法忍」。《華嚴經》上說到，菩薩有十種忍[2]，其中第三種就是「無生法忍」[3]（梵語：anutpattika-dharma-kṣānti）。那是指行者了知一切法本來不生不滅，體認人、法無我。由忍可「無

2　《大正藏》第十冊，號二七九，頁四一九。
3　同上。《華嚴經‧十忍品第二十九》：「佛子！云何為菩薩摩訶薩無生法忍？佛子！此菩薩摩訶薩不見有少法生，亦不見有少法滅。何以故？若無生則無滅，若無滅則無盡，若無盡則離垢，若離垢則無差別，若無差別則無處所，若無處所則寂靜，若寂靜則離欲，若離欲則無作，若無作則無願，若無願則無住，若無住則無去無來。是名：菩薩摩訶薩第三無生法忍。」

生法」，到安住於不動，稱為「無生法忍」。「忍可」是同意、承認、認可的意思，而「安忍」，即心住在那裏不動，指心裏完全沒有懷疑，完全接受的意思，亦即經文中「得成於忍」之義也。

世間諸法生滅都源於妄心的差別相，心起分別想，就有取捨，有人我、是非、愛憎，有二元對立。其實世間諸法只是因為妄想執着，唯心所現，緣生緣滅，那是不清淨的，所以是虛妄而非實相。在平等清淨的覺性中，一切法從無始以來，都是無生，所以無滅，自性清淨，常住涅槃。

「無生法忍」有三種深淺程度，第一種是初地以上菩薩所證，第二種是八地以上菩薩所證，第三種是入十住位的菩薩所證。初發意菩薩由十信位開始修行，破一分無明，證一分法身，登了住位後，就是初地菩薩，有定力不再為境所轉，所以稱為「安忍」，初證聖處，遂起大歡喜心，又稱登歡喜地。行者經過十住、十行、十迴向，才能到達第八之不動地，證悟「無生法忍」，任運自然，安住如如不動。正如《金剛經》前文說：「一切賢聖皆以無為法而有差別」，在無分別智中，也有階位層次之別。

須菩提白佛言：世尊！云何菩薩，不受福德？須菩提！菩薩所作福德，不應貪着，是故說：不受福德。

須菩提向世尊提出問題，為甚麼菩薩不受福德？佛回答說：菩薩修善而不貪着其福德，所以說菩薩不受福德。

這一段說明，發心菩薩還是要廣行善業以修福的，但是他要離一切相修善，不起貪着之心，要做到能所俱亡，三輪體空，即沒有能修福德的人，沒有所受福德的人，也沒有修福德這回事。只有這樣才能成就無漏福德。

第五節
威儀寂靜分第二十九

須菩提！若有人言：如來若來、若去；若坐、若臥。是人不解我所說義。何以故？如來者，無所從來，亦無所去，故名如來。

須菩提，如果有人說：從觀察釋迦牟尼佛的行、住、坐、臥來認識如來，這是不明白我所說的義理。為甚麼呢？那僅是從「相」上看如來，事實上，應從「性」上看，佛的法身是如如不動的，並沒有來去，所以稱為如來。

佛以一大事因緣示現於世，只為教化眾生，令眾生開佛知見。如前文所述，世尊於人間示現的是應身，而其來去坐臥，也只是應身的相狀而已。佛的法身清淨無染，如如不動，周遍法界一切處的。既然遍一切處，也就無所從來，亦無所從去。所以，如有人以為佛有來去之相，那是因為凡夫有妄想、分別心，才有差別對待。已證空的行者，明白佛經的義理，不會着來去之相，

《圓覺經》有所謂「雲駛月運，舟行岸移」[4]，就是指一輪明月安靜地掛在天上，自有其軌跡，但朵朵雲彩飛快的飄移，讓人以為明月劃過長空。另一個譬喻是輪船開航了，本來不動的岸邊彷彿在後退。事實上，飛快飄過的是雲不是月，開遠的是船不是岸，只是人們受到觀點的影響產生錯覺而已。

4　《大正藏》第十七冊，號八四二，頁四。

第六節
一合理相分第三十

須菩提！若善男子、善女人，以三千大千世界碎為微塵；於意云何？是微塵眾，寧為多不？甚多。世尊！何以故？若是微塵眾實有者，佛則不說是微塵眾。所以者何？佛說微塵眾，即非微塵眾，是名微塵眾。

佛問須菩提：如有善男子善女人把三千大千世界都碎為微塵，你認為那數量多不多呢？須菩提回答說，非常多。世尊，我為甚麼這樣說？如果微塵眾是實有的，佛就不會問多不多了，為甚麼呢？那是因為佛所說的微塵眾，不是實有的，是沒有自性的，並不是其實相。在這意義上去理解，才叫微塵眾。

正因為微塵眾並沒有自性，是因緣和合所生，只是幻相而已，緣聚則生，緣散則滅，而且會不斷變易，所以，佛才會問其數量多否。假如微塵眾有真如自性，就不能說多少了。因為無自性的清淨實體，周遍法界虛空，無有限量。

世尊！如來所說三千大千世界，即非世界，是名世界。何以故？若世界實有者，即是一合相；如來說一合相，即非一合相，是名一合相。須菩提！一合相者，即是不可說，但凡夫之人，貪着其事。

須菩提向佛陀說，佛所說的三千大千世界，並不是世界的實相，只是名相而已。為甚麼呢？如果這世界有其自性實有本體，就是一合相。可是這世界是因緣所生法，當體即空，所以，並不是一合相。佛所說的一合相，只是說其外相而已，並不是指其為實有。一合相的實

體是不可說的。只是眾生愚痴，非要貪着，執假為有。

這一合相世界，事實上是可以碎為微塵的。世界若能碎為微塵，就不是「一」了。但這甚多的微塵又可以合為一個世界，所以，也不是「多」。這由甚多的微塵合成的世界，無論微塵和世界，本身是因緣和合而生，因緣離散則滅，並無自性，當體即空。可是，它們又不是斷滅空，而是性相一如，非一非二，是中道第一義諦的一合相，即假、即空、即中。

第七節
知見不生分第三十一

> 須菩提！若人言：佛說我見、人見、眾生見、壽者見。須菩提！於意云何？是人解我所說義不？世尊！是人不解如來所說義。

須菩提，如果有人說，佛心中有四見：我見、人見、眾生見、壽者見，你認為那人明白我所說的義理嗎？須菩提回答說，不，那人並不懂佛的教法。

《金剛經》前文一直是在說要離四相：我相、人相、眾生相、壽者相，現在這裏提出的是四見：我見、人見、眾生見、壽者見。此中有何分別呢？

所謂離四相，是指行者不要六根攀緣六塵而對境生心，執着外在的假相；而這裏所說的離四見，是要行者觀照內心，離開妄想分別心，不要起四見。離四相，是離那粗顯的、外在的相；離四見，是離那細密的、內在的起心動念。

> 何以故？世尊說我見、人見、眾生見、壽者見，即非我見、人見、眾生見、壽者見，是名我見、人見、眾生見、壽者見。

為甚麼呢？世尊談及離我等四見時，心中根本從來沒有生起這四見。他只是說到四見的相，而非其體性。而這樣理解，才是真正的離四見。

當佛講經說法，談到無我見、人見、眾生見、壽者見時，他心中

並無法執，實際上是無法可說，是名說法。說了法，又馬上觀一切法空，空到無有一法可得，才是真得。觀空觀到一念不生，則般若生。所以，如果有人認為佛心中有法可說，那麼他是不能領悟佛的教法。

須菩提！發阿耨多羅三藐三菩提心者，於一切法，應如是知、如是見、如是信解，不生法相。

須菩提，發菩提心修行的菩薩應依《金剛經》所開示的佛知見，去理解和明白離相修心的道理，並生起淨信，繼續以無念為修，不住法而修萬行，證入佛知見。

須菩提！所言法相者，如來說即非法相，是名法相。

須菩提，世尊所說法，並無定法，只是緣起則生，緣散則滅，其體性空，而超越了法相，無法相、亦無非法相，才可證得阿耨多羅三藐三菩提。

依俗諦而言，佛是因應眾生的根器而說法的，無有定法可說。依真諦而言，佛是一法不立，不起法相的。假如佛有一法在心中，就是着法，沒有離四見了。

《金剛經》前文也說過：「如來所說法，皆不可取、不可說；非法、非非法。」為何不可說？如來所說法是究竟覺，是離開一切妄想分別念頭的。如《大乘起信論・卷一》所說：「以遠離微細念故，得見心性，心即常住，名究竟覺。」即究竟覺是離開一切的污染，離開一切的妄想分別，既然是離念、無念，就不會有取着。若心有所取，就是未離念，未離心緣相。如來所說法，言語道斷，心行處滅，故不可取，無有一法可取，又無有一法可說。

為何無有一法可說？因為實相般若的理體是離開、超越言語的，所以是不可說。所謂「言語道斷」，那是無法用言語去表達的意思。

若要使用言語去說出來，只不過是在不可說之中，勉強說出來而已。所以是不可取、不可說。

為甚麼無有一法可得？佛不起四見，如有人執着於阿耨多羅三藐三菩提，生起四見，就是執着法相，那是不對的，所以是「非法」。相反，如有人認為是沒有阿耨多羅三藐三菩提法，那也不對，所以是非非法。可是，阿耨多羅三藐三菩提法又不可廢，否則不能離我見、人見、眾生見、壽者見。法與非法，皆不可取。無論「執法」或「執非法」，皆不對。這與前文所說的「不應取法，不應取非法」相應，即無法見、亦無非法見。

如來無所說，是因為如來體性空寂，離心緣相，離文字相。如《大乘起信論・卷二》說：「若離妄心即境界相滅。」既然離相，又怎會有所說之相呢？而且一切法有表色[5]（梵語：vijñapti-rūpa）和無表色[6]（梵語：avijñapti-rūpa）之分，這「四見」不過是假名而已，都是唯心所現，這個心是識心而已，並不是真心。識心是因緣所生法，自性本空。我們的清淨性是無分別妄念的。所以如來所說法，亦是當體即空，無有自性。

眾生因為有妄想分別念，有煩惱而造業，造業而受報才會輪轉生死。所以，行者必須離念，而第一步就是要離四相、離四見，然後不取法，不取非法，不取非非法。

5　唯識所立三種色境之一。行住坐臥取捨屈伸等顯然可表示於人者，名為表色，是依可見之義而名為色。《俱舍》不立表色。參見《佛學大辭典》，頁一二四三。

6　受戒時，以強盛之身口表業為緣，滿身四大製造之一種色體也。此色體有防非止惡之功能，恆防止身口之過非，故以之為戒體，其物體外相不顯，故名無表。又為由身內地水火風之四大而生者，故名為色。是非如他色有物質，有障礙，然由四大之色法而生，故攝於色法之中。是乃小乘有部宗之義也，若依成實宗之義，則此法無緣慮之性用，故非心，無質礙之性用，故非色。即為非色非心之法也。大乘法相宗以之為第八阿賴耶識所有之思種子別作用，攝之於心法。此無表色有善惡，善性之無表色，有招樂果之業道功能，又有念念倍增之防非止惡功能。惡性之無表色，有招苦果之業道功能，又有念念倍增之防善止善功能。《俱舍論・一》曰：「無表雖以色業為性，如有表業，而非表示令他了知，故名無表。」參見《佛學大辭典》，頁二一六三。

第八節
應化非真分第三十二

須菩提！若有人以滿無量阿僧祇世界七寶，持用布施。若有善男子、善女人，發菩提心者，持於此經，乃至四句偈等，受持讀誦，為人演說，其福勝彼。云何為人演說？不取於相，如如不動。

佛問須菩提，如果發心行者以填滿無量世界的七寶，用作布施，相對另一人精進地讀誦《金剛經》，甚至只念誦四句偈，或為其他人宣講解說，後者所獲得的福德勝於前者。

受持讀誦的意思，是指研讀經文，依文解意，依解生信，如法修行，把當中蘊含的般若智慧念念在心，念念相繼，都攝六根，一點不放鬆。甚至行者若只對《金剛經》的一小段經文憶念不忘，自己受持後，又自利利他，為人講解，廣為眾生說法，這樣無相說法的功德，亦勝過用無量七寶以作無住布施的福德。

如何可以不着說法的相？第一步是要離一切相，即是降伏妄心。第二步要安住真心，即生其心而不執着。修一切善法就是要生心，但要離一切相地去修善、去說法，離一切相就自然可降伏妄心。

甚麼叫離一切相？那就是離我相、人相、眾生相、壽者相、法相、非法相，離開宇宙空間一切事情。安住真心就是廣修一切善，生一切善心而無所執着。做到「應無所住而生其心」，即應生其心而無所住，生心而不執着，降伏其心，真心自然顯露。

行者宣講《金剛經》的義理時，不着說法的相，離四相，離四見，如如不動地為他人說，內心不起分別想。何謂「如如不動」？第一個「如」字，指如理之智，第二個「如」字，指真如理體；合起來

就是如智如理，以「如如智」，契合「如如理」，就是「如如」。

　　發心菩薩要善巧方便地因應眾生根器各異，而說不同的法，要隨順眾生而作不同的辯解演說。所以是法無定法，無定法可說，亦如第二十一分「非說所說分」所說的：「說法者，無法可說，是名說法。」

何以故？一切有為法，如夢、幻、泡、影；如露，亦如電，應作如是觀。

　　為甚麼呢？有為法就好像夢境、幻像、泡沫、影子一樣，又像露水和雷電，都是不實、虛幻，稍縱即逝，生滅無常，變化莫測的，我們應這樣看待「器世間」的所有事物。

　　佛以夢、幻、泡、影、露、電等六種物事去比喻一切有為法。它們的共通點是虛、假、短暫、沒有實體。在佛教的術語中，有為法（梵語：saṃskṛta-dharma）是指一切緣生緣滅法，那本質就是空無自性的，一切皆緣影而已。

　　中國文學詩詞中，談及夢境人生的所在甚多。最著名的莫過《莊子‧齊物論》中，莊子夢中化蝶，十分寫意，醒後茫然若失，究竟是莊周夢蝶，還是蝶夢莊周？

昔者莊周夢為胡蝶，栩栩然胡蝶也，自喻適志與！不知周也。俄然覺，則蘧蘧然周也。不知周之夢為胡蝶與，胡蝶之夢為周與？周與胡蝶，則必有分矣。此之謂物化。[7]

　　永嘉大師《證道歌》中談到如夢人生，有這最透徹的一句：「夢裏明明有六趣，覺後空空無大千。」[8] 人世間的種種追求，人我是非，貧賤富貴，的確是浮生若夢，到死一場空。可是，在迷途眾生就愚痴

7　《莊子‧齊物論》。
8　《景德傳燈錄》卷三十，《大正新修大藏經》，第五十一冊，號二零七六，頁四四六。

地為這些不實、頃刻變易、稍縱即逝的東西，傾盡全力的去上演一幕又一幕的鈎心鬥角、悲歡離合、愛恨交纏之人生戲，誰又能真正看破紅塵？

中國古典詩歌小說有把「黃粱一夢」[9]比喻虛幻、轉眼成空的人生。唐代沈既濟所著小說《枕中記》，描述書生盧生赴京考試，不幸名落孫山，自怨自艾，回程中在邯鄲投宿客棧，遇上道士呂翁送他一個瓷枕頭。盧生一倚枕而臥就進入夢鄉。夢中他不但科舉得意，仕途順利，兒孫滿堂，享盡榮華富貴，還得高壽，八十而終。可是，夢醒時，店家放在鍋裏煮的黃粱粥還未熟呢！清代詩人袁枚《夢》一詩，就是寫的這事：「古今最是夢難留，一枕黃粱醒即休。」

北宋蘇軾《被命南遷途中寄定武同僚》詩：「人事千頭及萬頭，得時何喜失時憂。只知紫綬三公貴，不覺黃粱一夢遊。」說出了古時文人為了仕途升遷或貶謫，或喜或憂，卻原來都是黃粱一夢。

唐代詩人杜牧《遣懷》詩：「十年一覺揚州夢，贏得青樓薄倖名。」道盡輕薄少年對往昔沉迷酒色、虛度光陰的悔悟。

清代順治皇帝在出家後，寫下《順治歸山詩》：「百年世事三更夢，萬里江山一局棋。」人世間百年滄桑，不過是夜深時份的一場夢；萬里江山，各出奇謀，也不過是棋局一場。

除了夢以外，其他五個比喻又如何呢？

中峰明本禪師有詩云：「人生猶如幻中幻，塵世相逢誰是誰。父母未生誰是我，一息不來我是誰。」眾生帶着過去生的業力在欲界滾滾紅塵中相逢，各自出於善緣、惡緣，衍生出四種關係：報恩、報怨、討債、還債，到恩報完、債討完後，就緣滅則散。大家都是在迷眾生，都不知道本來真面目，所以，的確同是天涯淪落人，相逢何必曾相識。

為甚麼如泡沫呢？泡沫從來最易破滅。下雨的時候，雨打在河上，打起一個個水泡，可是都是隨生隨滅，如過眼雲煙。關南長老在

9　賀根民著：《中國詩學的道德批評維度》（中國社會科學出版社，二零一四年）。

《獲珠吟》[10]中提到:「三界兮如幻,六道兮如夢,聖賢出世兮如電,國土猶如水上泡,無常生滅日遷變。」力言三界六道之不實,歷代聖賢如電光一現,國土危脆,像水泡一樣,繁華都市、高樓大廈一旦遇上天災,轉瞬成了頹垣敗瓦。無常鬼一天沒閒着過,眾生每天都要面對生死變易。

為甚麼如影呢?鏡中反映的影像都是假的、不實在的。淨土宗初祖慧遠大師有詩云:「如鏡中像,水中月,見如有色,而無觸等,則非色也。」[11]他以鏡中影像、水面上月光的倒影,去比喻世間萬事萬物之虛幻不實。

為甚麼如露呢?清晨葉面上的朝露晶瑩亮麗,剔透無比,可是太陽一冒出來,露珠就化為蒸氣,消失得無影無蹤。常言道:「人生如朝露,何久自苦如此!」[12]人生匆匆幾十年,到底為誰辛苦為誰忙?

為甚麼如電呢?天陰下雨時,打雷時閃過的電光,一剎那就過,沒有停留,捉不住,抓不穩,極言生命之短暫。

所以說「一切有為法,如夢、幻、泡、影;如露,亦如電,應作如是觀。」這才是人生實相,如鏡中花、水中月,變異無常,生滅迅速,無有停留。

佛說是經已,長老須菩提,及諸比丘、比丘尼、優婆塞、優婆夷,一切世間天、人、阿修羅,聞佛所說,皆大歡喜,信受奉行。

佛為與會大眾開示《金剛經》,至此已圓滿結束了。長老須菩提與同於會場的四眾弟子,比丘、比丘尼等出家二眾,在家修行的男居士優婆塞和女居士優婆夷,還有天人、人、阿修羅等,善根深種,聽經聞法後,法喜充滿,堅信不疑,按照佛所開示的教法修行。

10　《景德傳燈錄》卷三十,《大正新修大藏經》第五十一冊,號二零七六,頁四四六。
11　《鳩摩羅什法師大義》,《大正新修大藏經》第四十五冊,號一八五六,頁一。
12　《漢書‧卷五四‧蘇建傳》。

結語

學人觀成在前面已經與大家一起研習了整部《金剛經》，現在讓我們回顧一下，從經典義理中，有甚麼重要的啓示及實際的利益？

《金剛經》是因為須菩提尊者向佛陀提問：「善男子、善女人發阿耨多羅三藐三菩提心，應云何住？云何降伏其心？」因為善男子、善女人雖然發了心，但功力不夠，心會改變，那怎樣可以保持(住)這個發心不變呢？如果變了，生起妄心，要怎樣去降伏呢？正是此問而引起佛陀演說整部經典。

一般人經常是心念受外在的環境所動而妄念紛飛，初發菩提心的菩薩行者，在漫長的修行過程中，常會有心念的偏差，發了心之後，要怎樣守持住這個心？當他被外境及業力牽動，而產生各種貪、瞋、痴、慢、疑等等的煩惱，在修行過程中走偏歪時，如何把轉變了的菩提心糾正？如何令他降伏妄心，回復正軌？

佛教三藏十二部文獻浩如煙海，義理博大精深，千經萬論所要表達的，就是勸導我們要認識自己的心，不要讓它走入妄境。須知妄心能做出貪、瞋、痴、殺、盜、淫等惡業，令你受苦無窮。我們學習修心，應從戒、定、慧基礎開始，所謂「攝心為戒，因戒生定，因定發慧，是則名為三無漏學。」[1]

學佛者要消除內心煩惱，主要靠定慧。但面對各種境界，我們的定慧往往不夠力量去降伏煩惱。佛陀因而制定戒律，加強我們的對治力量。「戒能捉煩惱賊，定能綁煩惱賊，慧能滅煩惱賊。」所以生起定慧要靠持戒。

《大智度論》說「持戒之人，能以精進自制五情，不受五欲；若心已去，能攝令還；是為持戒能護諸根。」精進持戒的人，可以控制自己的喜怒哀樂怨五情。「不受五欲」，不被財、色、名、食、睡障礙；「若心已去，能攝令還」，如果心執着，隨着財、色、名、食、睡，誤入歧途，守戒的人可以攝心令還，心不會被帶走。因為戒有

1　《楞嚴經》卷六，《大藏經》第十九冊，號九四五，[0131c13]。

「防非止惡」的作用，防止你做壞事。

初學佛法的人，務必先學戒，檢查自己的思想、言論、行動，令身口意三業清淨，才能建立與開發正定和正慧。如果你持戒，不殺生、不偷盜、不邪淫、不妄語、不飲酒，做得很微細，就減少了很多惡業，你的生活會更愉快。降伏妄心煩惱，對治之法，先粗後細。六根對六塵就是粗的煩惱，先以戒對治外境，斷粗的煩惱，繼而就比較容易用定慧對治內境。

從戒開始再修定，收攝我們的妄心，日常生活中的種種煩惱妄想，大都是因定力不足、思想紛擾所造成。《佛遺教經》說：「若攝心者，心則在定，心在定故，能知世間生滅法相，是故汝等，常當勤精進，修習諸定。若得定者，心則不散，譬如惜水之家，善治堤塘。行者為智慧水故，善修禪定，令不漏失。」

當我們有妄念起時，要用定力去令自己不跟隨它走，不再起第二、第三妄念相續下去。只有學習修定才能收攝散亂的心，摒除妄念紛飛，不為環境所牽，不被情緒所動，這樣才能令自己的六根不攀六緣而斷除煩惱。

由定發慧，去除內心潛伏性的根本煩惱。只有開發般若智慧，才能有正知、正見、正思惟去分辨邪正真偽，才能把煩惱連根拔除。行者通過修無我的智慧，才會有平等的慈悲心念，去廣度眾生，自利利他，得到究竟解脫。

整部《金剛經》的義理，就是教我們如何修心，破我執、法執。「應云何住？云何降伏其心？」講的是修行者發菩提心後，怎樣降伏妄心，如何令這個發心不生變，令修行的境界正確無誤，順利邁向成佛之道。

當我們從文字了解義理之後，要依照教義去實踐修行，即是說，不應只着重理論，佛法是要實踐，才能體現箇中真理。單是閱讀經典和聽經是不夠的，還要把吸收而來的義理加以思惟、觀照，依之實踐，明白諸法皆空的道理，繼而以空義理解，實踐於日常生活之中，

去除煩惱，如是者漸修漸進，才能破除執着，證悟諸法實相。

　　現在我們的研習只是初學階段，仍須不斷持續地深入學習與實踐，才能逐漸領略箇中微妙真理。我自己每隔一段時間再看《金剛經》，又有新的思惟感受，每一次的學習都有新的法益得着，所以是學無止境的。

　　最後，我們要把學習到的佛法，實踐在日常生活中，把從《金剛經》所認知的真理，離一切相、修一切善，落實到待人接物、工作、家庭生活中，必能降伏煩惱，提升生命的價值。若能以鍥而不捨的精神去鑽研、修學、實踐《金剛經》，將來捨報後能脫離生死苦海，達到究竟圓滿的覺悟。

作者簡介

觀成法師

香港出生，一九七二年畢業於多倫多大學，獲經濟系學士及工商管理系碩士，曾任加拿大會計師（CMA、CPA）。一九八一年在加拿大溫哥華創建國際佛教觀音寺，該寺榮獲加國頒發《加拿大 125 屆百年獎章》，以表彰其對加拿大社會的貢獻。二零零九年成立香港戒定慧講堂，作為在東南亞弘法講經、放生扶貧、法寶流通及參與香港書展等等弘法活動的基地。二零一三年在加拿大溫哥華寶雲島創建寶雲禪寺。法師精通英、粵、國語，弘法經驗豐富，著作頗多。

觀成法師作品

《普賢行願品淺釋》

《慈悲梁皇寶懺淺談》

《生命的流轉與還滅──十二緣起初探》

www.cosmosbooks.com.hk

書　　名	金剛經講記
作　　者	觀成法師
整　　理	劉愛娜居士
策　　劃	林苑鶯
責任編輯	曾憲冠、鄺志康
美術編輯	郭志民
圖表繪製	蔡學彰

出　　版　天地圖書有限公司
　　　　　香港黃竹坑道46號新興工業大廈11樓（總寫字樓）
　　　　　電話：2528 3671　傳真：2865 2609

　　　　　香港灣仔莊士敦道30號地庫（門市部）
　　　　　電話：2865 0708　傳真：2861 1541

印　　刷　美雅印刷製本有限公司
　　　　　香港九龍觀塘榮業街6號海濱工業大廈4樓A室
　　　　　電話：2342 0109　傳真：2790 3614

發　　行　聯合新零售（香港）有限公司
　　　　　香港新界荃灣德士古道220-248號荃灣工業中心16樓
　　　　　電話：2150 2100　傳真：2407 3062

出版日期　2023年3月初版 / 2024年9月第二版・香港